本书获得山西省高等学校哲学社会科学项目(2020W078)“农业供应链融资模式创新研究——基于山西农户调查数据”，以及山西省哲学社会科学规划课题(2021YY092)“山西智慧城市评价指标体系研究”的资助

考虑公平关切的订购、转运决策及供应链协调研究

蔚小红 著

RESEARCH ON ORDERING AND TRANSSHIPMENT DECISION AND SUPPLY CHAIN COORDINATION WITH FAIRNESS CONCERNS

经济管理出版社
ECONOMY & MANAGEMENT PUBLISHING HOUSE

图书在版编目（CIP）数据

考虑公平关切的订购、转运决策及供应链协调研究/蔚小红著．—北京：经济管理出版社，2022.6
ISBN 978-7-5096-8523-5

Ⅰ.①考…　Ⅱ.①蔚…　Ⅲ.①零售业—供应链管理—研究　Ⅳ.①F713.32

中国版本图书馆 CIP 数据核字(2022)第 099609 号

组稿编辑：高　娅
责任编辑：高　娅
责任印制：黄章平
责任校对：张晓燕

出版发行：经济管理出版社
（北京市海淀区北蜂窝 8 号中雅大厦 A 座 11 层　100038）
网　址：www.E-mp.com.cn
电　话：（010）51915602
印　刷：北京虎彩文化传播有限公司
经　销：新华书店
开　本：720mm×1000mm/16
印　张：9
字　数：126 千字
版　次：2022 年 7 月第 1 版　　2022 年 7 月第 1 次印刷
书　号：ISBN 978-7-5096-8523-5
定　价：78.00 元

前 言

需求不确定性通常会导致零售商缺货或库存过剩的风险，这种供需不匹配现象往往造成供应链利润的严重损失。零售商采用库存转运策略来分担库存风险，可以消除或减少这种供需不匹配现象，提高客户服务水平和供应链效率。从整个供应链的持续运营来看，分销商或零售商可以将库存转运策略作为一种常态化机制，使同层级企业之间能够自发践行，同时能够与供应链上游企业长期协作，充分发挥库存转运策略的优势。这样既能增加企业自身收益，又能增强供应链弹性，从而更好地应对供应链风险或不确定性，使企业能够尽可能抵御供应链中断风险或在中断后快速恢复运营。为了与供应链成员长期协作，充分发挥库存转运策略的优势，采取库存转运策略的零售商在做决策时不仅要考虑他们的直接利润，还要考虑其在经济群体中的地位，以及同层级企业和供应链上游企业如何回应他们的决策，零售商表现出公平关切行为倾向。在不确定需求下，当零售商采取库存转运策略时，引入公平关切研究相关的订购与转运决策以及供应链协调问题，获得的主要研究成果如下：

（1）研究同层级零售商相互转运时，公平关切对零售商订购决策与转运决策的影响。对两个相互转运的独立零售商组成的系统进行建模，在非对称和对称公平关切两种情境下，研究零售商的最优订购决策，并给出零售商愿意自发采取库存转运策略的条件。研究发现：两种情境下，两个零售商的订单量均存在纳什均衡解。当零售商面对不确定的需求做出订购决策时，零售商倾向于通过控制转运数量来实施转运并获得更多的主动权。结合理论分析和数值算例，给出零售商愿意自发采取库存转运策略的条件：非对称公平下，公平中性的零售商总是受益于库存转运，愿意自发地采取库存转运策略。公平关切的零售商通过提高自己的转运价格，也愿意自发地采取库存转运策略进行合作。在保证愿意采取库存转运进行合作的前提下，如果零售商公平关切损害了合作团队的绩效，可以通过降低公平中性零售商的转运价格进行弥补。对称公平关切下，只有两个零售商完全对称时，才会愿意自发地采取库存转运策略。如果两个零售商公平关切损害了合作团队的总绩效，可以通过降低双方转运价格进行弥补。与完全理性决策相比，非对称和对称公平关切下的合作团队绩效下降。对称公平关切下，合作团队绩效最低。

（2）供应链环境下，当零售商之间采取库存转运策略时，研究公平关切对供应链订购决策与协调的影响。当两个零售商采取转运策略时，对一个制造商和两个独立且对称零售商组成的供应链系统进行建模，在制造商是价格接受者和价格制定者两种不同的情境下，分别研究公平关切的零售商的最优订购决策，以及公平关切和转运价格对供应链成员利润和供应链协调的影响。研究发现：当零售商采取库存转运策略时，无论是完全竞争市场还是垄断竞争市场，由于零售商的公平关切，制造商的利润都下降。在完全竞争市场中，由于零售商公平关切，制造商的市场销售份额下降。在垄断竞争市场中，公平关切的零售商会通过谈判降低批发价，从制造商处攫取更多的利润。由于零售商之间采取库存转运策略，使零售商的公平关切不影响制造商的市场份额。通过理论分析和数值算例，揭示了在完全竞争市场中制造商不允许零售商转运和在垄断竞争市场中制造商鼓励零售商转运的内在机理。并且发现，转运价格的提高只能实现帕累托改进，使制造商和零售商的利润以及供应链总利润都上升，但是无法实现供应链协调。进一步指出制造商是否考虑零售商的公平关切，会直接影响供应链的总利润。若制造商不考虑零售商的公平关切，在保证合作的基础上，当制造商与零售商利润相等时，供应链利润最大。若制造商考虑零售商的公平关切，制造商可以给予零售商一定的转移支付，这样可以在保证合作的基础上提高供应链效率，获得帕累托改进。当批发价外生时，所需转移支付较少；当批发价内生时，所需转移支付较多。

（3）在双渠道供应链背景下，研究公平关切对双渠道供应链订购决策与协调的影响。O2O模式要求渠道成员之间合作更加紧密，拥有竞争优势的渠道成员常表现出公平关切行为倾向，有仅供应商公平关切、仅零售商公平关切和双方都公平关切三种不同的情境。当双渠道之间采取库存转运策略时，对一个开展线上直销渠道的供应商和一个只开展线下传统渠道的零售商组成的双渠道供应链系统进行建模，在这三种不同的情境下，研究了O2O模式下直销渠道和零售渠道的最优订购决策，以及三种情境下实现双渠道供应链协调的条件。研究发现：三种情境下，直销渠道和零售渠道的订单量均存在纳什均衡解，均存在唯一的协调转运价格可实现双渠道供应链协调。通过理论分析并结合数值算例发现：仅供应商公平关切下，可以直接实施并实现双渠道供应链协调。仅零售商公平关切和双方都公平关切下，零售商感知渠道不公平甚至影响到合作，供应商为了维持与零售商的合作并获得最优的供应链效率以实现协调，可以在协调转运价格下给零售商一定的转移支付，或者选取一个对渠道地位期待较小和公平关切程度较低的零售商。仅零售商公平关切的情况下，零售商通过提高单位利润提成，可以在实现供应链协调的同时，获得更多的利润和公平关切效用。在双方都公平关切的情况下，零售商提高单位利润提成的作用微乎其微。

本书的主要创新点为：

（1）在供应链背景下，公平关切对企业决策行为和供应链协调的影响已经引起了学术界的广泛关注。绝大多数文献都只考虑由一个制造商和一个零售商组成的系统，少量文献关注一个系统中存在两个零售商的情况，鲜有涉及零售商之间采取库存转运策略的情形。当零售商采取库存转运策略时，引入公平关切研究相关的订购与转运策略及供应链协调，拓展了组织公平理论的研究领域和范围。

（2）绝大多数库存转运的文献都假设经济主体理性决策，集中式决策下以成本最小化为优化目标，分散式决策下以利润最大化为优化目标，很少考虑经济主体在采取库存转运策略时，具有公平关切等行为因素。考虑采取库存转运策略的零售商具有公平关切行为时的相关决策，丰富了转运系统在行为领域的研究，且更具现实意义。

（3）当零售商采取库存转运策略时，引入公平关切，系统性地研究相关的订购与转运决策及供应链协调，弥补了现有研究的空白。首先，研究同层级零售商相互转运时，公平关切对零售商订购与转运决策的影响。其次，拓展到供应链环境下，研究公平关切对供应链订购决策与协调的影响。最后，在双渠道供应链背景下，当双渠道之间相互转运时，研究公平关切对双渠道供应链订购决策与协调的影响。

目　录

1 绪论

1.1 研究背景与研究意义

1.1.1 研究背景

由于市场经济的全球化和科技创新的日新月异，使产品的生命周期不断缩短，供应链成员之间的依赖性逐渐增强，消费者需求也更加多样化。这些动态和不确定的商业环境相应地增加了供应链的复杂性（Complexity）和脆弱性（Vulnerability），使供应链面临更多的风险，常导致供应链运营效率下降甚至中断，给供应链成员带来严重的利润损失。因此，动态和不确定的商业环境给供应链风险管理（Supply Chain Risk Management，SCRM）提出了新的挑战。

传统的供应链风险管理主要依赖于风险识别和统计信息，而许多风险是不可以预测和不可知的。Fiksel 等（2015）认为“弹性”（Resilience）是许多企业传统风险管理流程的重要补充，可以应对供应链中存在的风险和不确定性。Melnyk 等（2014）将供应链弹性（Supply Chain Resilience）定义为“供应链抵御中断和在中断后恢复运营的能力”。通过多种不同的策略机制，如内嵌弹性到供应链设计、供应链成员协作、多种管理实践相融合等，可以提高和增强供应链弹性。供应链风险管理实践和相关文献正在开始探索，如何在不确定的商业环境中更好地增强供应链的弹性，相关研究仍处于起步阶段。

动态和不确定的商业环境使市场需求的不确定性逐渐增强，企业难以准确地预测市场需求。需求的不确定性会增加零售商缺货或库存过剩的风险。许多产品如快时尚产品、电子产品、报纸和节日产品具有销售周期短、时效性强的特点。一方面，如果这些产品在有效期内没有全部售出，销售周期结束后必须以较低的价格售出，或到期后视为废品处理；另一方面，如果零售商缺货，企业往往很难在短时间内及时组织生产。这种供需不匹配往往导致供应链成员的利润受到严重损失。因此，在市场需求不确定的情况下，为了消除或减少这种供需不匹配现象，位于不同销售地区的零售商，采用库存转运策略来分担库存风险，可以降低库存成本、提高客户服务水平和供应链效率。因此，库存转运可以提供一种有效的机制来消除或减少不确定需求与可用库存之间的不匹配现象，从而为整个供应链的持续运营做出贡献。

电子信息管理系统的普及已促使库存转运成为一些零售商采用的常规策略，并被广泛应用于零售行业，如汽车、电脑、服装等行业。零售商使用查询系统获取库存信息并采用转运策略，可以更好地实现供需匹配，并提高公司的销售额和对客户的服务水平。甚至制造商也开始鼓励和支持零售商采取转运策略。一汽大众、本田、福特、通用、卡特彼勒、IBM、John Deere 等跨国公司很早便建立了经销商的库存转运计划。供应商通过零售商的分销网络销售其产品，并为零售商提供库存共享信息系统，以帮助零售商更好地进行库存控制和售后服务。所有这些实践都可以提高整个供应链的运营效率。

现实中，企业采取库存转运策略的潜在动机，往往是追求短期获利而不是长期互惠。这使库存转运策略在应对供应链风险或不确定性时，并没有发挥出相当的优势。反而对同层级企业之间的转运决策、向上游企业的订购决策以及供应链协调都造成一定程度的影响，从而影响供应链成员之间的长期协作。从整个供应链的持续运营来看，希望分销商或零售商可以将库存转运策略作为一种常态化机制，使同层级企业之间能够自发践行，同时与上游企业能够保持长期协作。这样既能增加企业自身收益，又能增强供应链弹性，从而更好地应对供应链风险或不确定性，使企业能够尽可能抵御供应链中断或在中断后快速恢复运营。

Melnyk 等（2014）、Christopher 和 Peck（2004）均指出通过增强供应链成员的协作，可以减少运营环境的不确定性，从而增强供应链弹性。为了与供应链成员长期协作，充分发挥库存转运策略的优势，采取库存转运策略的零售商，做决策时不仅要考虑他们的直接利润，还要考虑其在经济群体中的地位，以及同层级企业、供应链上游企业如何回应他们的决策，零售商表现出公平关切行为倾向。公平关切是影响企业之间互动关系和维护企业长期稳定协作的重要因素。Kahneman 等（1986）、Rabin（1993）、Fehr 和 Schmidt（1999）、Bolton 和 Ockenfels（2000）从理论和实践角度研究了公平关切对企业之间互动关系的影响。随着组织公平理论的发展，公平逐渐从一个整体性概念向多维度发展出分配公平、程序公平、人际公平和信息公平等概念。在战略联盟和供应链背景下，公平关切对企业决策行为和供应链协调的影响已经引起了学术界的广泛关注。公平的各个维度在战略联盟的情境下得到了广泛的研究，尤其是对于合资企业联盟的研究较有影响，成果也比较丰硕。合资企业联盟中合作伙伴之间的文化差距较大，公平观念对联盟的盈利能力变得更加重要。过去 30 年的横断面调查研究表明，供应链成员的公平关切在渠道关系中也扮演着重要的角色。

在不确定需求下，当零售商采取库存转运策略时，为了实现零售商与供应链成员之间的长期协作，我们引入公平关切行为因素，研究其对订购与转运决策及供应链协调的影响。

（1）研究同层级零售商相互转运时，公平关切对零售商订购与转运决策的影响。虽然上游企业提供了库存信息系统等便利条件，但是，是否采取库存转运去应对供应链风险，有时是分销商或零售商个体的意愿。许多大型公司，如设备制造商卡特彼勒和通用汽车，集中制定转运价格，但给予其独立经销商是否转运的决策权，使转运策略在具体实施中常表现出不可靠性。那么，零售商愿意自发进行库存转运，需要具备什么样的条件？

（2）在供应链环境下，当零售商之间采取库存转运策略时，研究公平关切对供应链订购决策与协调的影响。转运价格是影响供应链成员利润的重要因素，同时也决定了供应链成员是否可以受益于库存转运策略。在众多导致供应链中渠道效率低下的原因中，零售商公平关切行为是迄今为止对供应商最有影响的因素，决定了企业与上游供应商的关系质量。当具有公平关切的零售商采取库存转运策略时，转运价格和公平关切如何交互影响供应链的订购决策与协调？

（3）当上游供应商开展电子直销渠道，与传统的零售渠道之间进行库存转运时，研究公平关切对双渠道供应链订购决策与协调的影响。O2O 模式要求供应链成员之间合作更加紧密，拥有竞争优势的渠道成员常有公平关切的行为动机。中国一些知名互联网品牌制造商，作为上游供应商纷纷转向实体店市场，采用 O2O 模式进行产品的销售，加盟商和代理商依靠的正是品牌制造商自身的客流和品牌优势，此时，供应商具有公平关切行为倾向。在眼镜、家具等行业，虽然品牌制造商采用双渠道进行产品销售，但是这些产品的销售在很大程度上依赖于消费者的现场体验和零售商提供的服务，零售商拥有无法替代的渠道优势，此时，零售商具有公平关切行为倾向。一些大型零售巨头与社区便利店结盟，采用 O2O 模式进行产品的销售，充分利用了供应商和零售商自身的竞争优势，供应商拥有丰富的货源和客户流，零售商可以实现快速的交付功能，此时，供应商和零售商双方都有公平关切行为倾向。在这三种不同的情境下，公平关切如何影响双渠道供应链的订购决策与协调？

本书旨在回答上述问题，当零售商采取转运策略时，引入公平关切，对订购与转运决策及供应链协调进行深入和系统的研究。

1.1.2 研究意义

需求不确定性通常会导致零售商缺货或库存过剩的风险，这种供需不匹配现象往往导致供应链利润的严重损失。零售商采用库存转运策略来分担库存风险，可以消除或减少这种供需不匹配现象，提高客户服务水平和供应链效率。为了与供应链成员长期协作，充分发挥库存转运策略的优势，采取库存转运策略的零售商在做决策时不仅要考虑他们的直接利润，还要考虑其在经济群体中的地位，以及同层级企业和供应链上游企业如何回应他们的决策，零售商表现出公平关切行为倾向。从整个供应链的持续运营来看，分销商或零售商将库存转运策略作为一种常态化机制，使同层次企业之间自发践行，同时与上游企业进行长期协作，这样既能增加企业自身收益，又能增强供应链弹性，更好应对供应链风险或不确定性，使企业能够尽可能抵御供应链中断或在中断后快速恢复运营，具有实践意义。

在战略联盟和供应链背景下，公平关切对企业决策行为和供应链协调的影响已经引起了学术界的广泛关注。通过对相关文献进行梳理和分析，当零售商采取库存转运策略时，引入公平关切，系统性地研究其对订购与转运决策及供应链协调的影响，弥补了现有研究的空白。当零售商采取库存转运策略时，将组织公平理论引入零售商订购决策、供应链成员的转运决策以及供应链协调的研究中，拓展了组织公平理论的研究领域和范围。考虑采取库存转运策略的零售商具有公平关切行为时的相关决策，丰富了转运系统在行为领域的研究，且更具现实意义。

1.2 相关文献研究进展

1.2.1 供应链库存风险

正如 Fisher（1997）阐述的那样，大多数消费品可以被划分为功能性产品和创新性产品。创新性产品与功能性产品相比，有较短的生命周期和较高的需求不确定性。因此，不同类型的产品面临供应链风险需要不同的应对策略或机制。

1.2.1.1　功能性产品

功能性产品常具有较长的生命周期，市场信息对于准确的需求预测是至关重要的。由于批发商、分销商、制造商和供应商远离消费市场，他们通常不掌握第一手市场信息，如即时销售数据、消费者偏好以及消费者对不同的定价和促销策略的反应，难以对市场需求进行准确的预测。供应链节点企业根据其自身需要独立决策自己的库存来应对市场需求的不确定性，这种重复建立库存导致需求信息在供应链传递中扭曲，影响供应链的最优化运行，更难以应对不可预测的风险，经常出现供需不匹配的现象。供应链企业常通过供应商管理库存（Vendor Managed Inventory，VMI）和协同计划、预测与补货（Collaborative Planning，Forecasting and Replenishment，CPFR）等机制应对风险。

（1）供应商管理库存（VMI）。在 VMI 的框架下，零售商委托制造商进行各种订单管理和补货计划的决策。同时，制造商获得关于消费者需求和零售商库存状况的直接信息而减少“牛鞭效应”（Bullwhip Effect）。为了确保零售商实现较高的消费者服务水平和较低的库存成本，制造商或者在零售商的仓库拥有最低库存水平，或以某种形式承诺将零售商仓库的库存保持在预先限定的范围内。零售商可以在保证一定服务水平的条件下，减少与补货计划相关的费用和运营成本。

关于 VMI 的研究工作主要围绕两个方向展开：一个方向是 VMI 模式下研究供应链成员的订购决策与补货决策；另一个方向是 VMI 模式下关注供应链契约与协调的研究。

Cheung 和 Lee（2002）研究了 VMI 模式下的协调订货和再分配库存问题，发现调整订货和供货行为两种方式都会降低零售商的费用。Disney 和 Towill（2003）开发了一个仿真模型，分析 VMI 框架下的“牛鞭效应”，他们的模拟结果证实了 VMI 机制可以减少 50%的“牛鞭效应”。显然，减少“牛鞭效应”和协调一致的规划将使制造商减少库存。蔡建湖等（2008）研究了两级供应链库存决策模型，探讨 VMI 模式下单供应商面临两个相互独立的零售商时的库存决策情况，分析供应商实施库存应急转运策略给供应链成员的库存决策、供应链成员的收益以及供应链整体性能所带来的影响。李娟等（2009）针对由 1 个供应商和 1 个零售商组成的两条供应链系统，对比分析零售商管理库存和供应商管理库存下系统成员收益，并分析了不同库存管理方式对供应链系统竞争均衡状态的影响。在 VMI 的框架下，供应商根据特定的库存和供应链决策，对交付给顾客的产品进行补货。为了检验在制造商有权决定每一个零售商补货的时间和数量的条件下 VMI 机制的效果，Cetinkaya 和 Lee（2000）提出了一个解析模型以确定在一个特定的地理区域内对于不同的零售商的最优协调补货和交付计划。他们假设各个零售商的需求独立且服从泊松分布，为了最大限度地减少运输成本并同时满足一定的客户服务水平，计算最佳的补给量和补货时间安排。杜少甫等（2009）研究了补货提前期是随机的 VMI 系统下带提前期的“库存补货与运输排程”（SRSS）问题，结合使用随机过程更新理论和优化方法，建立了扩展模型；使用仿真方法跟踪了优化策略的长期执行效果，以验证模型有效性。

近年来，针对 VMI 模式下供应链的契约与协调的研究已经受到一些学者的关注。Gerchak 和 Wang（2004）在不确定的需求下，研究了零售商和供应商之间两种协调方案：VMI 与收入共享契约的组合机制，以及单一批发价契约机制，并指出 VMI 与收入共享相结合的双参数契约可以使供应链获得协调。Bernstein 等（2006）考虑一个两级供应链，由一个供应商为多个零售商提供服务，零售商通过选择销售数量进行竞争，并指出在 VMI 供应链中，通过创建梯队自主运营（Echelon Operational Autonomy）可以实现供应链协调。刘云志和樊治平（2016）指出在模糊需求且供应商存在公平偏好的情形下，在不利不公平分配情形下，批发价格契约无法使该供应链达到协调，在有利不公平分配情形下，批发价格契约在一定条件下可使该供应链达到协调。Hu 等（2018）研究了考虑批发价格约束和公平时，VMI 与寄售库存契约组合机制下的供应链协调问题，发现增加公平偏好不仅限制了零售商的效用函数和最优批发价格约束，而且增加了供应商的预期利润和生产数量。此外，只有当零售商具有较大的公平偏好时，供应链协调才能实现。

（2）协同计划、预测与补货（CPFR）。为了促使零售商和制造商之间开展合作，自愿跨产业商务标准协会（Voluntary Inter-Industry Commerce Standards，VICS）制定了一项框架机制——CPFR 机制。根据这一框架机制，双方将协同进行需求预测。为了进行协同需求预测，制造商首先基于自己产品的市场情报做出一个初始的需求预测，同时零售商根据顾客对定价和促销决策的反应建立自己的初始需求预测。双方将分享他们各自的初始需求预测，并协调他们预测之间的分歧以取得共同的预测。一旦双方同意共同需求预测，双方独立制订计划，即零售商将制订一项补货计划，制造商将制订生产计划。

与 CPFR 机制相关的研究工作主要分为两类：一类是侧重于 CPFR 对供应链成员绩效及总绩效的改进；另一类是研究 CPFR 机制的有效性及实施障碍。

CPFR 机制的核心是协同预测。Aviv（2001）首次构建 CPFR 框架，对单一零售商和单一制造商之间的协同预测进行建模分析，基于整个系统的方差构建了一个总供应链绩效指标，并发现协同预测将减少整个系统方差。Aviv（2002）在其基础上进行了扩展，其案例中提出的需求是自相关的。Aviv（2005）进一步扩展、分析了在一个生产平滑的环境中进行协同预测的案例。Akkermans 等（2004）指出 CPFR 体现了供应链协同管理的思想，能够实现供应链合作伙伴之间更广泛深入的合作，是面向供应链的有效策略。戢守峰等（2007）将 CPFR 技术应用到协同补货中，研究了最佳库存和最佳运送周期问题。Chang 等（2007）提出一个增强的 CPFR 模型，发现该模型预测的平均绝对偏差和库存方差均优于现有的 CPFR 模型。该模型可以提高销售预测的准确性，降低库存水平，降低

“牛鞭效应”。Hill 等（2018）提供了实证证据，证明采用 CPFR 对公司的财务和经营绩效有影响，在几个绩效指标上有显著的改进。

虽然协同计划、预测和补货（CPFR）信息系统越来越多地用于改善行业各个领域的供应链操作，但现有文献在很大程度上忽略了组织内部的学习效果，从而导致对其业务价值的评估不完整。Yao 等（2013）在两年半的时间里，对九条生产线的操作水平面板数据进行了实证研究，考察了手机制造商摩托罗拉与其美国零售合作伙伴的 CPFR 学习曲线。该研究发现 CPFR 的两个关键组成部分——协同预测（CF）和协同补给（CR），表现出不同的学习曲线。CPFR 实施后，预测精度立即提高，但随着时间的推移，改善的速度变慢，而库存水平首先上升，一段时间后开始下降。此外，当产品后来被替代产品所取代时，在库存水平方面存在不同的学习效果，产品替代品的库存水平低于其前身，至少对于低端产品来说是这样。Panahifar 等（2018）以高新技术产业为重点，分析了 CPFR 实施中的主要障碍及其相互关系，确定了 45 个 CPFR 障碍，并根据专家意见将其分为四类，其中只有 13 个被确定为显著性障碍。研究结果表明，从类别上看，管理障碍是 CPFR 实施困难的重要根源。

1.2.1.2 创新性产品

随着科技不断进步和消费者需求多样化，产品的生命周期逐渐缩短，更新换代的速度不断加快，如电子产品、时尚性产品等。这类产品相对其他产品有较短的销售周期，通常只有一次订货机会来应对最佳销售周期。市场需求的不确定性增加了零售商缺货或库存过剩的风险。这种供需不匹配现象常导致供应链利润严重损失，供应链企业常通过快速反应系统和库存转运等机制应对风险。

（1）快速反应系统（Quick Response System）。在管理短生命周期产品时，短的补货时间可以使零售商在销售旺季下多个订单。例如，研究人员考虑的一种情况是，零售商可以在销售旺季下两个订单。具体来说，零售商可以在销售旺季前下一个订单，在销售旺季开始后下另一个订单。在时尚消费品行业，这种类型的补货系统被称为“快速反应”系统。显然，第二个订单为零售商提供了一个很好的机会，它可以通过实际的销售数据获得更准确的需求预测。

与快速反应系统有关的研究基本可以分为两类：一类是在简单的供应链中实施快速反应系统时的订购决策与协调问题。Fisher 和 Raman（1996）构建了一个两阶段随机动态规划模型，对需求预测进行修正，并用该模型来分析快速反应系统。他们通过欧博迈亚的滑雪服公司来实施他们的模型，并说明快速反应系统如何使欧博迈亚达到更高的客户服务水平和较低的库存水平。Gurnani 和 Tang（1999）分析类似的快速反应系统，并假定第二个订单的单位成本是不确定的。通过构造一个两阶段动态规划模型，发现一个周期检查的最大库存水平策略（Order-Up-To Level Policy）是最优的。跳出侧重零售商的角度，Iyer 和 Bergen（1999）分析了快速反应系统对零售商和制造商的库存影响。具体来说，当客户服务水平系数在 0.5 以上时，零售商将获得较高的预期利润，制造商将实现较低预期利润，快速反应系统在一定意义上讲不是帕累托最优的，研究还进一步指出快速反应系统可以使零售商和制造商双方都受益的条件。Donohue（2000）考虑在一个变化的快速反应系统中，零售商以两种模式安排其订单：成本低且较长的交货时间和成本高且较短的交货时间。通过构建一个两阶段动态规划模型，得出一个最优的订货决策和协调供应链的最优契约。

另一类则在较为复杂的经济环境下，研究如何改进快速反应系统。Cachon 和 Swinney（2011）开发了一个将快速反应的生产能力与增强的产品设计能力结合起来的系统模型，发现当消费者表现出策略行为时，快速反应系统具有重要的价值。虽然快速反应和增强设计可以互补或替代，但互补效应往往占主导地位。因此，当快速反应和增强设计在快速时尚系统中结合使用时，公司的利润增量通常比单独使用这两种系统所带来的利润增量之和要大。Choi（2013）研究了如何在快速反应系统上实施一个合理设计的碳足迹税收方案，通过雇用当地制造商来抵消可能更高的物流和生产成本，从而提高环境的可持续性。通过研究发现，一个设计适当的由管理机构征收的碳足迹税收方案不仅可以成功地吸引时尚零售商从当地制造商采购，还可以降低时尚零售商的风险水平。Wang 等（2018）研究了快速反应策略对零售商利润的影响，即零售商向具有风险偏好和价值递减的策略性消费者销售产品，做出定价和订货的决策，并指出快速反应策略的效果取决于快速反应成本、消费者的风险偏好和估值下降率。Choi（2018）考虑零售商风险厌恶时的定制快速反应时尚供应链，利用平均风险框架将零售商的风险规避行为纳入优化模型，研究零售商的风险厌恶行为带来的影响，即获得帕累托改进的条件。

（2）库存转运（Inventory Transshipment）。位于不同地点的企业之间进行库存共享，可以降低库存水平和提高消费者服务水平，是行业中常见的一种企业实践方案。传统上，公司可以通过建立一个中央仓库来实现库存共享，从而在一个地点进行库存汇集。随着信息技术的进步，企业开始采用库存转运的方式，将一个地方剩余的库存用于另一个地方未满足的需求。与传统的中央仓库共享库存的方式相比，库存转运更具有吸引力，因为它不涉及建立额外的仓库。随着业务模式逐渐向分散式演变，学术界开始研究供应链环境下独立的零售商进行库存转运的情况。目前对分散式决策下零售商转运的相关研究已经取得了丰硕成果。

有的学者研究了在分散式决策下采用库存转运时的最优订货决策以及转运获取的额外利润如何分配。Rudi 等（2001）和 Hu 等（2007）研究了两个独立零售商进行库存转运时的最优订购水平并分析了转运价格随经济参数变化的敏感性。Anupindi 等（2001）、Granot 和 Sošic（2003）考虑了 N 个独立的零售商进行转运的情况，侧重于研究通过转运获得的额外收益分配机制。Sošic（2006）指出当远视的零售商采用夏普值对转运产生的额外收益进行分配时，所有零售商之间完全库存共享将是一个稳定的结果。Huang 和 Sošic（2010）对转运产生的额外收益分配方式进行了比较，一种是转运价格分配方式，另一种是双重价格分配方式，结果表明，双重价格分配方式在不对称零售商中可能产生较高的效率，而转运价格分配方式在不对称的零售商中效果更好。

还有一些学者研究了零售商竞争情况下的转运问题。Zhao 和 Atkins（2009）研究了零售商之间的转运策略和消费者替代策略，并指出当转运价格较低且竞争较激烈时，零售商应选择消费者替代策略，当转运价格较高且竞争较弱时，选择转运策略。Zou 等（2010）分析了竞争企业之间转运的实施以及转运对他们库存补货政策的影响。Comez 等（2012）认为竞争零售商的最优转运策略是动态的，并分析了延迟水平的敏感性，发现其可以解释较小的零售商和地理位置较远的零售商从转运中获益更多。

Dong 和 Rudi（2004）、Shao 等（2011）、Li 等（2017）将分散式业务模式进一步拓展到供应链背景下。Dong 和 Rudi（2004）考虑了一个制造商和多个零售商组成的供应链系统，在批发价格内生及外生两种情况下研究分散式的零售商进行库存转运对制造商和零售商利润的影响。Zhang（2005）将其拓展到一般的需求分布。Shao 等（2011）考虑了一个制造商和多个零售商组成的系统，且供应链中上下游成员分散式决策，研究分散式的零售商之间进行库存转运对供应链中上下游企业利润的影响，但是文中未对需求分布做出具体假设。钱宇和陈剑（2008）以医药企业供应链为背景，考虑一个制造商和两个零售商组成的分销系统，研究制造商的最优定价决策和零售商的最优订货决策。陈敬贤等（2013）在多个零售商横向转运的系统中，采用批发价契约协调供应链，并给出了实现供应链协调的条件。在此基础上，陈敬贤等（2013）采用批发价和收益共享比例组合的双参数契约，研究多个零售商之间存在横向转运时的供应链协调问题。邵婧（2016）在 Shao 等（2011）的研究基础上，构建两层级供应链博弈模型，在假设需求服从均匀分布的前提下，研究了库存转运对供应链各方利润的影响，发现制造商及零售商利润增减均由转运价格决定，转运价格阈值则受临界分位点水平影响，最后给出了零售商进行库存转运的供应链协调契约。李荣等（2017）则提出了一种新的库存转运机制，即供应商协助转运机制，与传统的零售商协商库存转运机制相比，其优势明显，最终实现供应链整体收益达到集中式水平以及供应链成员间的完美协调。

一些学者在双渠道背景下研究转运问题。Seifert 等（2006）、Alptekinoglu 和 Tang（2005）、Bendoly 等（2007）研究了双渠道中的单向转运策略，并将这种单向转运策略的绩效与无转运时的绩效进行了比较。李怡娜和徐学军（2010）在制造商生产能力约束的条件下研究双渠道的转运问题，发现转运策略可以增强供需匹配，增加供应链的期望利润。赵秋红等（2014）在双分销渠道背景下，考虑顾客购买转移与库存转运两种因素同时存在订货与库存转运问题，提出相应的优化策略。Liang 等（2014）研究转运成本和需求分布形状对最优转运问题的影响，结果表明，如果转运成本不可忽略，当需求服从单峰分布时，企业会进行转运，但是当需求退化或双峰分布时，企业不会进行转运。徐琪等（2015）研究了双渠道供应链中采取库存转运策略实现协调时的条件。

一些学者采用库存转运策略以应对需求突变或供应链中断。陈敬贤等（2014）在无突变无转运、有突变无转运和有突变有转运三种情境下，研究零售商采取库存转运策略应对市场需求突变的问题，发现合理确定转运价格是关键问题。汪传旭和许长延（2015）研究市场需求满足率约束下零售商之间应急转运时的最优订货决策，发现无论存在市场需求满足率约束与否，当单位产品转运费用不高于特定的临界值时，应急转运策略下的零售商订货量和期望总费用均不高于不转运策略下的订货量和期望总费用。汪传旭和许长延（2015）在无转运、单向转运和双向转运三种情境下，研究了中断概率等参数对最优订货及零售商利润的影响。Ji 等（2017）开发了一种启发式的回购前转运契约（Transshipment-Before-Buyback），发现在存在回购的承诺下，转运价格对制造商诱导零售商去转运的动机没有受到影响。

现有的研究中都假设零售商做决策是理性的，没有考虑人的行为因素。随着库存转运策略的普遍采用，许多学者已经开始重视转运零售商具有行为因素时对相关决策的影响。Katok 和 Villa（2021）专注于转让价格的谈判。通过实验室实验，研究了分散和集中转运价格设置下的一系列临界比率。Zhao 等（2021）通过实验室实验发现零售商在做出库存和转运决策时存在非理性的行为，这些行为导致持续性的库存决策偏差。Li 和 Chen（2020）重点研究了转运价格设定和库存决策的顺序。通过实验观察到许多理性决策模型所无法解释的现象，并构建一个包含随机最优反应均衡和公平关切的行为模型，该模型可以为观察的实验数据提供一个令人信服的解释，并为分散式的库存共享平台中的承诺机制设计提供启发。Villa 和 Castañeda（2018）通过实验探索在两个对称零售商和一个供应商组成的系统中，当零售商之间采取库存转运策略来改善整个供应链的绩效时，零售商存在订购行为偏差。

1.2.2 库存转运

与库存转运相关的文献，可以通过采取库存转运的企业隶属于同一家企业采取集中式决策，还可以彼此相互独立采取分散式决策，进行相应的归类和梳理。分散式决策下，与库存转运相关的文献，在 1.2.1 小节中关于“供应链库存风险”应对的机制中已经进行了梳理，这里不再重复进行综述。下面仅对集中式决策下与库存转运相关的文献进行梳理、归纳和综述。

根据转运的时机，可以分为主动转运（Proactive Transshipment）和被动转运（Reactive Transshipment）。Paterson 等（2011）也是根据这个分类对库存转运的相关文献进行了综述。主动转运发生在需求实现之前，在预定的时间进行，相当于库存的再分配。被动转运通常发生在一个库存点缺货、另一个库存点有多余库存时。库存转运一方面可以使零售商共担库存风险，另一方面却增加了库存系统的柔性，使库存系统更难以控制和优化。库存决策除了要决定何时向常规供应商订货及订货的数量外，还要决定何时从何地转运多少数量的货物。由于研究问题的复杂性，一般考虑只有制造商和零售商两级的供应链系统，在零售商之间采取库存转运策略。

主动转运主要发生在采用周期检查补货的库存政策背景下。在周期检查补货模型中，在一个订单周期的开始或者结束时进行库存点的库存重新分配。

基本的再分配模型考虑的是在一个周期内仅一次再分配机会。这些模型一般假设所有零售商位于一个区域内且选址足够近，再分配的运输时间是可以忽略不计的。关于再分配库存的时机有三个可能的策略：在周期开始，在周期中预定点，或者根据观察的需求动态决定。动态决定再分配时机提供最大柔性，但是很难实施。Allen（1958，1961，1962）采用周期检查补货，研究了在周期开始时进行转运的问题。Agrawal 等（2004）同时研究了在再分配时点静态和动态两种政策下的转运问题。在预定点进行再分配称为静态政策，再分配时点随需求动态变化称为动态政策。动态政策在成本方面优于静态政策，可以节约 30%的成本。

当补货和再分配同时考虑时，问题的复杂性就增加了。当提前期可以忽略不计时，Gross（1963）研究了两个位置之间的主动转运，指出最优的转运和补货政策依赖于初始库存水平和成本参数。Karmarkar 和 Patel（1977）对这个模型进行了扩展，研究了多个位置之间的主动转运问题，提出了一种稳健的基于线性规划的技术可以解决多位置之间的转运。Karmarkar（1980）进行了多周期的拓展，发现最优解与单周期情况类似。

被动转运常发生在周期检查补货和连续检查补货的库存政策背景下。Krishnan 和 Rao（1965）最早研究转运问题。在零售商的库存集中化并且只考虑单周期订购的情况下，多个等成本的零售商面临独立的市场需求，建立零售商之间的库存转运模型，忽略了转运需要的时间。Robinson（1990）将 Krishnan 和 Rao 的模型拓展到多周期，并考虑了更普遍的需求分布。Tagaras（1989）也考虑了多周期的情况，并提出“完全转运”。“完全转运”就是一个地址有过量库存，另一个地址有缺货，转运量就是过量库存和缺货的最小值。Herer 和 Rashit（1999）、Herer 和 Tzur（2001）也是在这个框架下进行研究的。

通过在集中式决策和分散式决策下，对与库存转运相关的文献进行梳理，发现绝大多数库存转运的文献都假设经济主体理性决策，集中式决策下以成本最小化为优化目标，分散式决策下以利润最大化为优化目标，很少考虑经济主体在采取库存转运策略时，具有公平关切等行为因素。

1.2.3 公平关切

组织公平理论最早由美国行为科学家斯塔西·亚当斯于1965年提出，侧重于研究工资报酬分配的合理性、公平性及其对职工生产积极性的影响。而对组织公平理论的应用研究进行拓展，则逐渐分化成两个不同的视角：一个视角是从整体性概念对组织公平理论展开研究，另一个视角则是从公平各维度对组织公平理论展开研究。

整体公平可以提供比公平各维度更简洁、更有力、更精确的对人们的公平体验的描述，最终行为决策往往依赖于整体公平的感知。Ambrose 和 Schminke（2009）指出整体公平可调节具体的某公平维度与员工态度之间的关系。Barclay 和 Kiefer（2014）研究整体公平是否与积极和消极的情绪有关，以及这两种情绪是否能调节整体公平与行为结果之间的关系，结果发现，积极的情绪持续地调节整体公平与接近性行为之间的关系，而消极的情绪持续地调节整体公平与回避性行为之间的关系。Aryee 等（2015）考察了总体公平影响工作绩效的两条途径。结果表明，需求满意调节整体公平与内在动机关系以及整体公平与信任在组织中的关系，我们还发现内在动机调节了组织中需求满意和信任分别对工作绩效的影响。

随着组织公平理论的发展，公平逐渐从一个整体性概念向多维度发展出分配公平、程序公平、人际公平和信息公平等概念。分配公平概念最早是由 Homans（1961）提出的，他指出人们关心的是结果是否公平，而不是结果如何。Adams（1965）在其基础上进行了拓展，定义分配公平是指一个个体的产出与投入的比率与其他人的相同。程序公平的概念最早是由 Thibaut 和 Walker（1975）提出的，人们常常关注过程中的公平，如果他们认为他们对整个过程有控制权，那么他们就认为程序是公平的。因为这两个维度围绕着对正式程序和公平分配的关注而形成，它们体现了公平的结构方面。Bies 和 Moag（1986）提出公平在社会方面的两个维度——人际公平和信息公平。人际公平是指人们在执行程序和决定结果时，与其他人一样被公平对待，获得友好、尊重和尊严。信息公平是指程序执行和分配结果时的信息均以一定的方式传达，这种信息可以公平地公开交流。

Kahneman 等（1986）、Rabin（1993）、Fehr 和 Schmidt（1999）、Bolton 和 Ockenfels（2000）从理论和实验角度研究公平关切对企业之间互动关系的影响。Kahneman 等（1986）最早将组织公平理论引入经济分析中研究分配公平对经济主体利润的影响，通过三个实验给出经济主体在市场交易中判断公平的标准，指出组织会像个体一样受到公平关切的驱使，经济主体的分配公平依赖于其他经济主体的利润，甚至愿意付出代价维护公平。Rabin（1993）提出人们在关注自身利益的同时也会关注周围其他人的利益分配。当不公平被感知时，为惩罚对方而牺牲部分个人利益的情况普遍存在，可以说公平关切在很大程度上影响了收益给人们带来的效用。Fehr 和 Schmidt（1999）提出“不公平厌恶”来刻画消费者在获得与其他人不同的收益时产生的负效用，并给出一个分析框架来解释一些经济学现象，指出人有自利和关注公平的差异，经济主体对公平价值或者陌生人福利的关注都是出自对自身收益和战略行为的考虑。

公平的各个维度在战略联盟的情境下得到了广泛的研究，尤以合资企业联盟和渠道联盟的研究较有影响。合资企业联盟中合作伙伴之间的文化差距较大，公平观念对联盟的盈利能力变得更加重要。Luo（2006）的研究结论表明，合资企业中双方管理人员的交互公平能够促进决策的有效性、相互信任及组织间关系；而交互公平还能够抵消国家文化差异给组织间关系带来的负面影响。Luo（2007）通过探索分配公平、程序公平和交互公平在合资企业联盟中的独立和综合效应扩展了对战略联盟的研究。当联盟成员之间的目标差异很大时，程序公平和分配公平联合效应对联盟绩效的影响是显著的。当交互公平高时，程序公平会产生更强的绩效影响。Luo（2008）指出程序公平对运营绩效有直接影响，对财务绩效有间接影响。当战略联盟类型是股权合资企业而不是契约协议时，程序公平对绩效的贡献更大。

在供应链背景下，公平关切对企业决策行为和供应链协调的影响已经引起了学术界的广泛关注。Kumar 等（1995）指出脆弱的经销商由于对分配公平和程序公平的关注增强了与上游供应商的关系质量，尽管程序公平和分配公平对关系质量都有积极的影响，但程序公平的影响更大，经销商对程序公平性的敏感度更高。Kumar（1996）指出无论是供应商还是零售商由于受到公平关切的驱使，都愿意放弃自己的边际收益以达到更为公平的结果。Griffith 等（2006）指出下游企业对上游企业在分配公平和程序公平方面的关注，影响其长期定位和与上游的关系。

一些学者从实验的角度指出公平关切是影响供应链成员决策的重要因素。Loch 和 Wu（2008）在一个供应商和一个零售商重复交互中研究社会偏好的作用，发现供应链成员始终偏离利润最大化的行为，不仅关注自己的收益还关注自身在商业关系中的相对收益优势。Katok 和 Pavlov（2013）指出公平、有限理性和不完全信息是导致供应链中渠道效率低下的原因，其中零售商公平关切是迄今为止对供应商行为最有影响的因素。当供应商对零售商的公平偏好有不完整的信息时，理论上的协调契约可能无法协调供应链，实践中可以执行程序公平来消除对不完整的偏好信息。Ho 和 Zhang（2008）将公平关切引入供应链契约中进行研究，证实了该行为倾向在此环境下确实存在，但只给出了描述性的公平关切效用函数。Ho 和 Su（2009）进行实验研究，对一个领导者和两个追随者序贯的最后通牒博弈进行分析，发现领导者与追随者之间的分配公平与两个追随者同行诱导的公平并存，且后者的行为效应更为显著，并指出同行诱导的公平的研究可以应用到定价问题、CEO 薪酬问题以及劳动力罢工问题。牛志勇等（2013）利用实验的方法研究公平偏好下渠道成员的价格决策，研究结果可对渠道价格契约的设计提出指导性建议。

一些学者在不同的需求情况下将公平关切引入传统两阶段供应链中，从理论上研究公平关切对供应链契约与渠道协调的影响。确定需求下，Cui 等（2007）分析供应链成员的公平关切对渠道协调的影响，假定供应商对零售商的社会偏好拥有完全信息，指出公平关切会起到中间协调作用，使原本不能协调的批发价契约实现协调。在此基础上，易余胤等（2017）发现两部定价契约能否实现该供应链的完美协调，取决于公平偏好程度，制造商的公平偏好越强，协调效果越差。Katok 等（2014）将公平偏好作为私有信息，在不完全信息下研究批发价契约的协调效果，研究发现，当公平问题足够重要时，尽管信息不对称，契约可以协调渠道，但如果公平问题不严重，供应链就会变得不那么有效。Caliskan-Demirag 等（2010）将 Cui 等（2007）的研究结果拓展到非线性需求下，当只有零售商关注公平或者双方都关注公平时，批发价契约可以协调。渠道中只有零售商关注公平时，指数需求比线性需求在参数范围内更有利于协调。Wu 和 Niederhoff（2014）在仅制造商公平关切、仅零售商公平关切和双方都公平关切时，研究随机需求下公平关切对供应链绩效的影响。随机需求下，杜少甫等（2010，2013）、聂腾飞等（2017）通过引入参考依赖来描述零售商的公平关切效用函数，在不同的公平参考点情况下，分别探讨了公平关切对供应链契约与渠道协调的影响。与此同时，毕功兵等（2013）指出在有利不公平厌恶下，批发价格契约可以提高供应链的整体利润和更好地协调供应链。王宣涛和张玉林（2015）研究指出，在策略型和短视型顾客并存的情况下，收益共享契约能实现供应链的完美协调。李娟等（2014）在需求服从均匀分布的情况下，研究了具有不同公平感类型的零售商在批发价契约下的订购决策。零售商对同一层级的其他零售商存在同行诱导的公平关切，一些学者侧重于研究由上游供应商的分配所引发的同一层级零售商的公平关切，对其定价决策和利润的影响。Ho 等（2014）在一个供应商与两个零售商组成的系统中，从理论和实验两方面研究分配公平和同行诱导公平在供应链契约设计中的作用，研究发现，同时具有纵向和横向公平关切的零售商获得的收益低于公平中性零售商获得的收益，通过数据结构估计看出同行诱导的公平比分配公平更为显著。Nie 和 Du（2014）考虑一个供应商和两个零售商组成的两阶段供应链，其中一个零售商具有纵向公平关切，另一个零售商具有横向和纵向公平关切，研究发现，折扣契约结合固定转移支付可以有效地协调供应链。

随着经济全球化的发展，供应链系统越来越复杂。一些学者在不同的经济和环境背景下研究公平关切对供应链成员决策的影响。一些学者将公平关切引入双渠道供应链背景下进行研究，发现渠道成员的公平关切会改善系统收益。邢伟等（2011）将公平关切引入双渠道供应链中研究企业的均衡策略，研究发现零售商渠道公平可以有效改善双向边际效应。Li 等（2016）研究了确定需求下零售商公平关切时的供应商倾入，发现零售商的公平关切能明显改进系统收益。浦徐进等（2014）研究了供应商公平偏好对供应链均衡策略的影响，发现在供应商具有相对较小谈判权力的条件下，供应商的公平偏好将促使双方进行更为公平的交易，从而提高供应链整体效用。也有一些学者发现，零售商的公平关切反而会影响自身收益和渠道效率。李波等（2017）引入公平关切研究双渠道供应链的合作广告策略，研究发现当渠道成员由理性变为公平关切时，供应链的最优决策会达到一个新的均衡水平，零售商公平关切时，供应链成员以及供应链总利润都会减少，并且当其自身公平关切行为程度较高时，采取合作广告策略可能会损害自身利润。Li 等（2016）发现零售商公平关切时，批发价契约不能协调双渠道供应链，且顾客对零售渠道的忠诚度会增加渠道效率，零售商的公平关切反而会导致渠道效率下降。张克勇等（2014）、王玉燕和李璟（2018）、周艳菊等（2017）、石松等（2016）、Zhou 等（2016）、Li 等（2018）在低碳或闭环供应链背景下对供应链系统进行建模分析，研究公平关切对供应链各方利润、定价决策及渠道协调的影响。丁川（2014）、杨志强等（2013）、孟庆峰等（2012）则将公平关切植入激励机制的相关研究中。浦徐进等（2014）通过构建供应商和零售商间的Stackberger博弈模型，考察供应商公平偏好对供应链均衡策略的影响。曲优等（2017）、浦徐进和诸葛瑞杰（2017）同时考虑社会心理学和认知心理学中涉及的行为因素并将其作为参数引入供应链相关决策模型中进行研究。研究结果表明：面对同样的收购价格，公平偏好将导致供应商生产质量水平降低；而为了激励供应商实现同样的生产质量水平，零售商将不得不提高收购价格。在供应商具有相对较小谈判权力的条件下，供应商的公平偏好将促使双方进行更为公平的交易，从而提高供应链整体效用。

通过梳理与公平关切相关的文献，发现在战略联盟和供应链背景下，公平关切对企业决策行为和供应链协调的影响已经引起了学术界的广泛关注。在供应链环境下，绝大多数文献都只考虑一个制造商和一个零售商组成的系统，少量文献关注一个系统中存在两个零售商的情况，鲜有涉及零售商之间采取库存转运策略的情形。

1.2.4 双渠道供应链协调

从已有文献来看，双渠道供应链的协调研究已经取得丰富的成果。一些学者研究改进的契约机制或契约组合可以实现双渠道供应链的协调。Tsay和Agrawal（2004）指出，一般的批发价契约无法协调双渠道供应链。Boyaci（2005）设计了回购与奖惩的组合契约机制使双渠道供应链获得协调。Chiang（2010）在允许缺货的情况下，设计了一种分担库存持有成本与共享直销渠道收益的组合机制使双渠道供应链达到协调。徐广业等（2010）在需求具有价格敏感性条件下，提出了一种改进的收益共享契约模型，实现了双渠道供应链协调，并给出了契约参数取值范围的计算公式。David和Adida（2015）在一个开展直销渠道的供应商和多个零售商的系统中研究渠道协调问题，发现线性数量折扣契约可以协调对称零售商的系统，面对不对称的零售商系统该契约只能减缓双重边际化效应而无法实现协调。王先甲等（2017）提出带固定补偿的收益共享契约可以协调生产商具有生产规模不经济特性的双渠道供应链。唐润和彭洋洋（2017）联合应用收益共享契约、成本共担契约和批发价格折扣契约来实现考虑时间和温度因素的生鲜食品双渠道供应链的协调。

一些学者关注在闭环供应链和低碳背景下的双渠道供应链协调。朱晓东等（2017）通过设计收益成本共享契约，能够有效地改进闭环供应链效率，实现帕累托改进，且制造商、分销商和线上回收商都有主动实施契约的动力。李新然和何琦（2015）在销售新产品和再造品的双渠道差别定价时，设计了成本扰动下可协调闭环供应链的两部收费契约。郑本荣等（2016）发现制造商通过将简单的价格契约与收益共享契约或两部收费制契约结合可实现双渠道闭环供应链的协调。Feng 等（2017）具有双回收渠道的两级逆向供应链，提出两个互补契约——两部分关税契约和收益共享契约能够成功协调逆向供应链系统。Xu 等（2018）考虑了在强制性的碳排放量监管下，提出线上和线下渠道价格折扣契约来协调双渠道供应链，并提供价格折扣契约可以协调双渠道供应链的条件。Xu 等（2018）在限额与交易监管下，设计了一个改进的收益共享契约，来协调存在低碳偏好和渠道替代的双渠道供应链。Zhou 和 Ye（2018）探讨了合作广告契约、合作广告与减排成本共享契约对双渠道供应链优化策略与协调的影响。

一些学者研究了面对风险和突发事件下的双渠道供应链协调。Cao（2014）发现，改进收益共享契约可以协调存在需求中断下的双渠道供应链。Xu 等（2014）在均值—方差模型下，当供应链主体是风险规避者时，提出双向收益共享契约可以实现双渠道供应链协调。Zhang 等（2015）在需求中断和生产成本中断的情况下，采用批发价、直销渠道定价和一次性费用的组合契约来协调双渠道供应链。吴晓志等（2015）提出改进的收益共享契约，可以实现易逝品双渠道供应链的应急协调。当突发事件导致市场规模和生产成本同时扰动时，易逝品双渠道供应链存在一定的鲁棒性。Zhao 等（2016）发现，在 O2O 商业模式下采取库存转运策略可以协调双渠道供应链。

综合以上文献发现，库存转运策略可以实现双渠道供应链的协调，在双渠道供应链背景下，对转运机制的研究还比较少。

1.3 研究目标、研究思路、研究内容

1.3.1 研究目标

在不确定需求下，为了与供应链成员长期协作，充分发挥库存转运策略的优势，采取库存转运策略的零售商在做决策时不仅要考虑他们的直接利润，还要考虑其在经济群体中的地位，以及同层级企业以及供应链上游企业如何回应他们的决策，零售商表现出公平关切行为倾向。本书引入公平关切因素，研究其对相关的订购与转运决策以及供应链协调问题的影响。

（1）研究同层级零售商相互转运时，公平关切对零售商订购与转运决策的影响。对两个独立的零售商组成的系统进行建模，如图 1.1 所示，在非对称和对称公平关切两种情境下，研究采取库存转运策略的零售商的最优订购决策，并给出零售商愿意自发采取库存转运策略的条件。

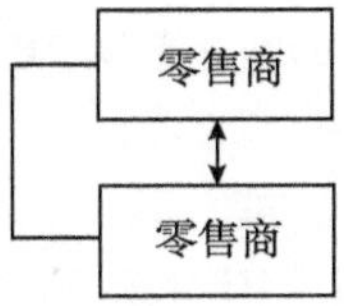

图 1.1 两个独立零售商组成系统

（2）拓展到供应链环境下，研究公平关切对供应链订购决策与协调的影响。当两个独立且对称的零售商相互转运时，对一个制造商和两个零售商组成的供应链系统进行建模，如图 1.2 所示，在制造商是价格接受者和价格制定者两种情境下，研究了公平关切的零售商的最优订购决策以及公平关切对供应链订购决策与协调的影响。

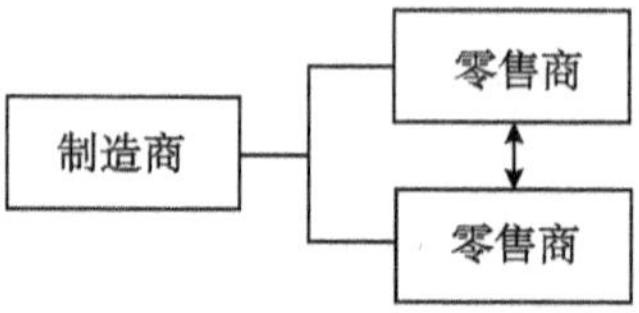

图 1.2　一个制造商和两个独立且对称的零售商组成系统

（3）在此基础上，研究公平关切对双渠道供应链订购决策与协调的影响。当双渠道之间采取库存转运策略时，对一个开展线上直销渠道的制造商和一个只开展线下传统渠道的零售商组成的双渠道供应链系统进行建模，如图 1.3 所示，在仅供应商公平关切、仅零售商公平关切和双方都公平关切三种情境下，研究了直销渠道和零售渠道的最优订购决策，以及三种情境下实现双渠道供应链协调的条件。

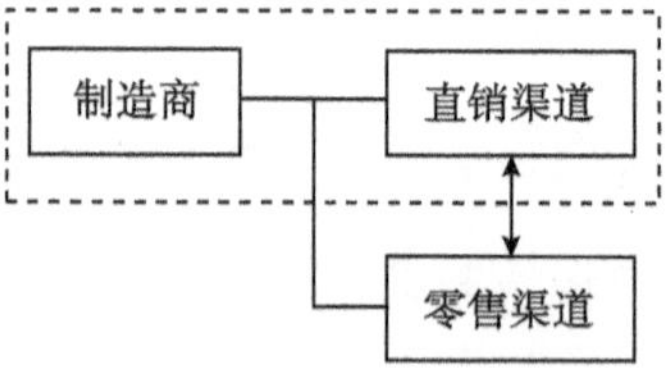

图 1.3　一个开展直销渠道的制造商和零售商组成双渠道供应链系统

对以上三个系统分别进行建模，通过深入和系统地研究公平关切对订购与转运决策以及供应链协调的影响，丰富了基础理论，并为企业决策提供一定的管理启示。

1.3.2 研究思路

本书的整体逻辑框架如图 1.4 所示。首先，我们通过研究背景的介绍，明确研究问题并对其进行界定。通过对相关文献进行搜集和整理，梳理出相关研究空白，将研究问题进行细化。其次，研究同层级零售商相互转运时，公平关切对零售商订购与转运决策的影响。再拓展到供应链环境下，研究公平关切对供应链成员订购决策与协调的影响。在此基础上，在双渠道供应链环境下，研究公平关切对双渠道供应链订购决策与协调的影响。最后，对本书的主要工作内容及结论进行总结，并对今后的研究工作进行展望。

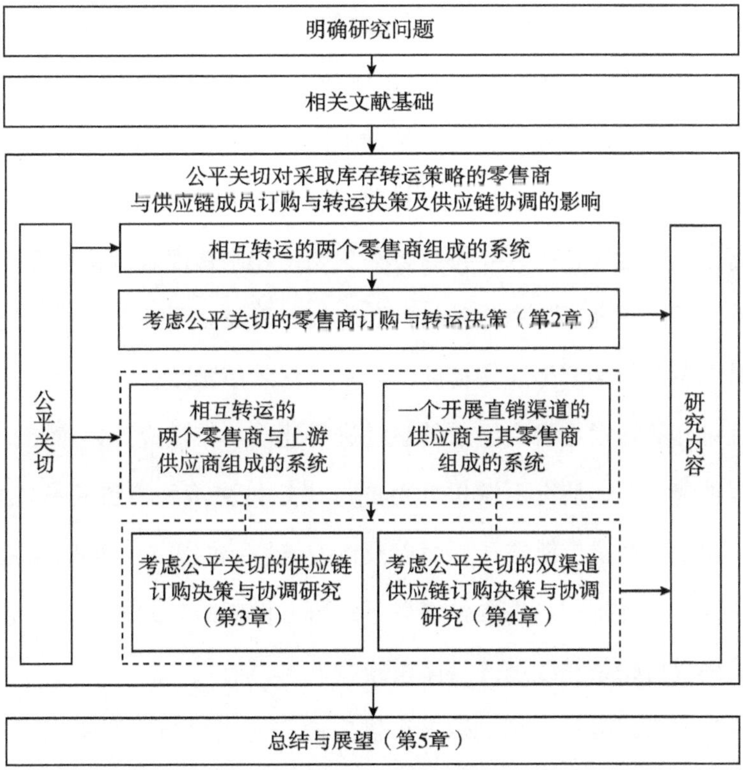

图 1.4 本书的整体逻辑框架

1.3.3 研究内容

第1章为“绪论”：主要介绍选题的背景、相关文献研究进展与述评、研究目标和主要内容、研究思路与研究方法以及本书主要创新点。

第2章为“考虑公平关切的零售商订购与转运决策”：当两个独立零售商采取库存转运策略时，引入零售商公平关切，研究零售商的最优订购决策，并给出零售商愿意自发采取库存转运策略的条件。通过引入参考依赖来描述零售商的公平关切效用函数，对相互转运的两个零售商组成的系统进行建模，在非对称公平关切和对称公平关切两种不同情境下分别求解两个零售商的最优订单量，并给出纳什均衡解存在的条件。在此条件下，采用隐函数定理求解两种情况下零售商的公平关切系数对其订单量和利润的影响。同时借助数值分析的方法，给出了非对称公平关切和对称公平关切下，零售商愿意自发采取库存转运策略的条件。如果零售商公平关切损害了合作团队的总绩效，指出两种不同情境下进行弥补时可采取的措施。

第3章为“考虑公平关切的供应链订购决策与协调研究”：当两个独立且对称的零售商相互转运时，引入零售商公平关切，在制造商是价格接受者和价格制定者两种情境下，研究零售商的最优订购决策，以及公平关切对供应链协调的影响。通过引入参考依赖来描述零售商的公平关切效用函数，对一个上游供应商和两个独立且对称的转运零售商组成的系统进行建模。在供应商是价格接受者和价格制定者两种情境下，研究上游供应商的最优定价决策和零售商最优订购决策，以及公平关切系数对供应链成员利润以及供应链协调的影响。同时借助数值分析的方法，在批发价外生和内生两种情境下，研究供应链协调的有效性，并给出提高供应链效率获得帕累托改进的具体措施。

第4章为“考虑公平关切的双渠道供应链订购决策与协调研究”：O2O模式要求渠道成员之间合作更加紧密，拥有竞争优势的渠道成员常表现出公平关切行为倾向。当双渠道之间采取库存转运策略时，在仅供应商公平关切、仅零售商公平关切和双方都公平关切三种不同的情境下，研究了 O2O 模式下直销渠道和零售渠道的最优订购决策，以及三种情境下实现双渠道供应链协调的条件。对一个开展线上直销渠道的供应商和一个只开展线下传统渠道的零售商组成的双渠道供应链系统进行建模，分别建立了集中式决策和分散式决策下的双渠道供应链模型，并给出三种情境下纳什均衡解存在的条件。采用隐函数定理分别求解三种情境下公平关切系数、利润提成和转运价格对直销渠道和零售渠道订单量的影响，在此基础上，研究 O2O 模式下双渠道供应链的协调问题。同时借助数值分析的方法，研究三种情境下转运策略的有效性和可实施性，并给出实现双渠道供应链协调的条件。

第 5 章为“总结与展望”：针对本书的研究成果进行全面的归纳和总结，同时，阐述本书存在的一些不足及今后的研究方向。

1.4 研究方法

本书引入公平关切，研究其对相关的订购与转运决策及供应链协调的影响。为了对该问题进行科学系统的研究，本书主要采用了文献研究法、数学推导和数值计算相结合的方法和比较分析法。

（1）文献研究法。首先，通过对国内外相关文献进行搜集、归纳和整理，梳理出供应链库存风险、库存转运、公平关切、双渠道供应链管理四个方面的研究现状。其次，论述了当前研究的特点和存在的不足。最后，从新的视角出发，针对本书的研究目标，构建出本书主要的研究问题以及整体逻辑框架。

（2）数学推导和数值计算相结合的方法。本书利用博弈论的相关方法，构建了 Nash 博弈和 Stackelberg 博弈等模型，通过数学推导得到相关博弈模型下的均衡解，并通过数值算例，深入理解各参数对经济主体相关决策的影响。

（3）比较分析法。通过算例分析比较不同参数的变动对企业相关决策的影响，充分理解在引入公平关切的不同情境下，公平关切行为因素对企业相关决策的影响，得到丰富的管理启示。

1.5 主要创新点

当零售商采取库存转运策略时，本书主要研究公平关切对相关的订购与转运决策及供应链协调的影响，主要有以下创新点：

（1）在供应链背景下，公平关切对企业决策行为和供应链协调的影响已经引起了学术界广泛关注。绝大多数文献都只考虑一个制造商和一个零售商组成的系统，少量文献关注一个系统中存在两个零售商的情况，鲜有涉及零售商之间采取库存转运策略的情形。当零售商采取库存转运策略时，引入公平关切研究相关的订购与转运决策及供应链协调，拓展了组织公平理论的研究领域和范围。

（2）绝大多数库存转运的文献都假设经济主体理性决策，集中式决策下以成本最小化为优化目标，分散式决策下以利润最大化为优化目标，很少考虑经济主体在采取库存转运策略时，具有公平关切等行为因素。考虑采取库存转运策略的零售商具有公平关切行为时的相关决策，丰富了转运系统在行为领域的研究，且更具现实意义。

（3）当零售商采取库存转运策略时，引入公平关切，系统性地研究相关的订购与转运决策及供应链协调，弥补了现有研究的空白。首先，研究同层级零售商相互转运时，公平关切对零售商订购与转运决策的影响。其次，拓展到供应链环境下，研究公平关切对供应链订购决策与协调的影响。最后，在双渠道供应链背景下，当双渠道之间相互转运时，研究公平关切对双渠道供应链订购决策与协调的影响。

2　考虑公平关切的零售商订购与转运决策

2.1　问题的提出

市场需求的不确定性增加零售商缺货或库存过剩的风险。这种供需不匹配往往导致供应链利润的严重损失。库存转运可以提供一种有效的机制来消除或减少这种不匹配现象。随着电子信息管理系统的普及，库存转运已成为一些零售商采用的常规策略，并已广泛应用于零售行业，如汽车、电脑、服装等。位于不同地区的零售商，基于电子信息管理系统，采用库存转运策略来分担库存风险，可以应对不确定的市场需求，同时减少库存成本、提高客户服务水平和供应链运营效率。例如，大型设备制造商卡特彼勒，通过零售商的分销网络销售其产品，并为零售商提供库存共享信息系统，以帮助零售商更好地进行库存控制和售后服务。零售商使用查询系统获取库存信息并进行库存转运，可以更好地实现供需匹配。

虽然上游企业提供了库存信息系统等便利条件，但是是否采取库存转运去应对供应链风险，有时是分销商或零售商个体的意愿。许多大型公司，如设备制造商卡特彼勒和通用汽车，集中制定转运价格，但给予它们的独立经销商是否转运的决策权。现实中，采取转运策略的分销商或零售商之间常缺乏信任，使转运策略在具体实施中常表现出不可靠性，这暴露出企业采取库存转运策略的潜在动机，往往是追求短期获利而不是长期互惠。这使库存转运策略在应对供应链风险或不确定性时，并没有发挥出相当的优势。采取库存转运的企业，不仅自身的订购决策与收益受到影响，其在供应链中的渠道地位也受到影响。从整个供应链的持续运营来看，希望分销商或零售商可以将库存转运策略作为一种常态化机制，使同层级企业自发践行。这样既能增加企业自身收益，又能增强供应链弹性，可以更好地应对供应链风险或不确定性。

目前，大多数研究都集中在采用库存转运时的最优订购决策，以及如何分配通过转运获得的额外利润上面。现有的研究中都假设零售商理性决策，没有考虑经济主体的行为因素。实际上，公平关切是影响零售商之间稳定合作和持续运营的重要因素。零售商做决策时不仅要考虑他们的直接利润，还要考虑其他零售商如何回应他们的行为。随着库存转运策略的普遍采用，许多学者已经开始重视零售商具有行为因素时对相关决策的影响，但目前的研究工作都是基于实验的角度，还未有研究工作从解析模型的角度考虑。

鉴于此，我们的研究试图解决以下问题：①公平关切下，两个相互转运的零售商如何做出订购决策？②公平关切下，零售商愿意自发采取库存转运策略的条件是什么？

为了回答上述问题，我们引入参考依赖来描述零售商的公平关切效用函数，对相互转运的两个零售商组成的系统进行建模，在非对称和对称公平关切两种情境下分析零售商的最优订单量，给出纳什均衡解存在的条件，并在此条件下，通过隐函数定理求解公平关切对零售商订单量和利润的影响。通过算例分析，在非对称和对称公平关切两种不同情境下，分别给出了零售商愿意自发采取库存转运策略的条件。在此条件范围内，如果零售商的公平关切损害了合作团队的绩效，给出相应的弥补措施。并将非对称和对称公平关切下的合作团队绩效，与完全理性决策下的团队绩效进行了比较。

本章剩余部分结构安排如下：第 2.2 节给出了建模时采用的符号说明与基本假设；第 2.3 节对两个零售商组成的系统进行建模，研究两个零售商的最优订单量，以及零售商公平关切系数对其订单量和利润的影响；第 2.4 节通过算例分析，给出了零售商愿意自发采取库存转运策略的条件；第 2.5 节对本章主要研究结论、贡献以及研究局限进行总结。

2.2 符号说明与基本假设

在单周期且不考虑补货的情况下，两个独立零售商面对不确定的市场随机需求，在需求实现之前确定初始的订单量。需求实现之后，零售商之间采取库存转运策略共担库存风险，一个零售商将多余的库存转运给另外一个缺货的零售商。

假设两个零售商 i，$j=1$，$2(i, j=2, 1)$ 的需求分别为 D_i，D_j 且相互独立，两个零售商并不知道确切的市场需求水平，但是面对市场需求的联合分布(D_1, D_2)是已知的，并假设联合分布是二阶可微的。在单周期且不考虑补货的情况下，为了提高自身的利润和对顾客的服务水平，两个零售商之间进行库存转运。零售商必须在需求到达前同时决定其订单量分别为 Q_i，Q_j，当市场需求到达时，零售商以其库存满足需求，零售商 i 将需求实现后多余的库存进行转运，转运量 $T_{ij}=\min[(Q_i-D_i)^+, (D_j-Q_j)^+]$，$i$，$j=1$，$2$，$i\neq j$。零售商 i 实际的销售量 $R_i=\min(D_i, Q_i)+T_{ji}$，多余的库存量 $V_i=(Q_i-D_i-T_{ij})^+$，不足的需求 $Z_i=(D_i-Q_i-T_{ji})^+$。

假设零售商 i 每单位的进货成本为 c_i 且 $c_i=c$，每单位的销售价格为 r_i 且 $r_i>c$，进行转运后每单位剩余库存的残值为 s_i 且 $s_i<c$，每单位未满足需求的缺货成本为 p_i 且 $p_i\geqslant 0$。为简便分析，本节定义 $v_i=r_i+p_i$ 为零售商 i 销售单位产品所得

到的边际价值。

假设转运价格独立于两个零售商的需求和库存，不随需求实现后多余库存或缺货数量的变化而变化。c_{ij} 为零售商 i 向零售商 j 进行转运时的转运价格且 $c_{ij} \leqslant v_j$，τ_{ij} 为相应的转运成本，这里我们假设转运价格由实施转运的零售商来决定。转运每单位产品的利润为 $c_{ij}-\tau_{ij}$ 且 $c_{ij}-\tau_{ij} \geqslant s_i$。转运价格的取值范围 $s_i+\tau_{ij} \leqslant c_{ij} \leqslant v_j$ 保证零售商的转运行为是对其有益的。同时，要求必须满足三角不等式 $c_{ij} \geqslant c_{ji}-\tau_{ji}$，这样确保转运的实施是为了弥补库存缺货来提高服务水平，而不是为了套利。采用 Tagaras(1989) 中的假设 $s_i<s_j+\tau_{ji}$，$v_i<v_j+\tau_{ji}$ 来确保实施完全转运，即一个零售商有多余库存，另一个零售商缺货时，转运量就是多余库存量和缺货量的最小值。

2.3 模型构建与分析

下面我们用图 2.1 描述两个零售商存在转运时需求发生的情形。

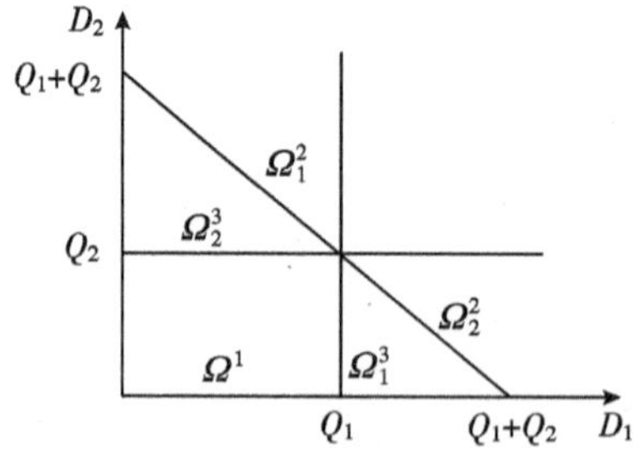

图 2.1　两个零售商存在转运时需求发生的情形

图 2.1 中区域 $\Omega^1+\Omega_i^2+\Omega_j^3$ 表示零售商 i 有多余库存的情形，i，$j=1$，2。区域

Ω^1 表示两个零售商都有多余库存不需要转运的情形。区域 Ω_i^2 表示零售商 i 实施转运的情形：零售商 i 有多余库存，零售商 j 库存不足，零售商 i 将剩余库存全部提供给零售商 j。区域 Ω_i^3 表示零售商 i 接受转运的情形：零售商 i 库存不足，零售商 j 有多余库存，零售商 i 接受零售商 j 提供的部分剩余库存。表 2.1 详细给出了不同需求情形下，需求区域的描述、相应的概率函数表示以及转运情况。

表 2.1　需求发生情形及相关的概率函数

需求发生情形	需求区域描述	概率函数	转运
$\Omega^1+\Omega_i^2+\Omega_j^3$	$D_i \leqslant Q_i$	α_i	$T_{ji}=0$
Ω_i^2	$Q_i+Q_j-D_j<D_i \leqslant Q_i$	β_i	$T_{ji}=0$，$T_{ij}=Q_i-D_i$
Ω_i^3	$Q_i<D_i \leqslant Q_i+Q_j-D_j$	γ_i	$T_{ij}=0$，$T_{ji}=D_i-Q_i$

当零售商 i 公平中性时，通过自身利润最大化来确定最优订单量。零售商 i 的利润函数为：

$$\pi_i=E[r_iR_i+(c_{ij}-\tau_{ij})T_{ij}-c_{ji}T_{ji}+s_iV_i-p_iZ_i]-cQ_i,\ i,\ j=1,\ 2 \tag{2.1}$$

零售商 i 利润函数的一阶条件为：

$$\alpha_i-\frac{c_{ij}-\tau_{ij}-s_i}{v_i-s_i}\beta_i+\frac{v_i-c_{ji}}{v_i-s_i}\gamma_i=\frac{v_i-c}{v_i-s_i},\ i,\ j=1,\ 2 \tag{2.2}$$

当经济主体考虑行为因素时，关注自身利润的同时还关注与合作方的利润差异。通常采用利润差异来刻画由公平关切产生的效用函数。一些学者认为利润差异产生正效用和负效用时均反映经济主体感到不公平，并区分为优势不公平和劣势不公平。Fehr 和 Schmit（1999）将这两种情形都包括来刻画公平关切效用函数，提出当报酬的分配偏离平均分配时，个体受到负效用的影响，但他们可能以不同的方式关心自己是领先于他人还是落后于他人，且劣势不公平比优势不公平对消费者的影响更加强烈。Cui 等（2007）也采用了 Fehr 和 Schmit（1999）的分析框架来建模和刻画公平关切效用函数。然而一些学者也有不同的观点，Ho 等

（2014）认为经济主体只在乎劣势不公平。Bolton 和 Ockenfels（2000）、Loch 和 Wu（2008）指出利润差异产生的正效用更加获得个体或企业的青睐，反映个体或企业在社会群体或经济群体中对优势地位的追求。杜少甫等（2010，2013）、聂腾飞等（2017）将这两种情形都包括来刻画公平关切效用函数，即个人或经济主体同时表现出对劣势不公平的厌恶和正向利润差异的青睐，且采用简化的公平效用函数，来刻画利润差异产生的效用。

本章只考虑两个相互转运的零售商组成的系统，两个零售商采取库存转运进行合作时产生横向公平关切，不考虑零售商与上游供应商之间的纵向公平关切。

这里我们采用与杜少甫等（2010）相同的方法刻画零售商的效用函数。考虑公平关切的零售商 i 的效用函数为：

$$U_i=\pi_i+f_i,\ i,\ j=1,\ 2 \tag{2.3}$$

其中，f_i 是由零售商横向公平关切产生的组织公平效用。即当零售商 i 公平关切时，通过引入参考依赖来描述零售商的公平关切效用，以对方利润作为己方利润的参考点，采用简化的公平效用函数。根据 Kahneman 和 Tversky（1979）的观点，经济主体在面对同等的利润和损失时的敏感程度是不一致的，即反 S 形曲线。为简便计算，假设决策者面对同等利润和损失时的敏感程度一样，即直线形。引入参数 λ_i 作为公平关切系数，$\lambda_i\geqslant 0$。于是零售商的组织公平效用为：

$$f_i=-\lambda_i(\pi_j-\pi_i) \tag{2.4}$$

为便于模型分析，不妨记 $\hat{\lambda}_i\equiv\dfrac{\lambda_i}{1+\lambda_i}$。易知，$\hat{\lambda}_i$ 是关于 λ_i 的增函数，且 $\hat{\lambda}_i\in[0,\ 1)$。当 $\lambda_i=0$ 时，$\hat{\lambda}_i=0$，即零售商为公平中性；当 $\lambda_i\to+\infty$ 时，$\hat{\lambda}_i\to 1$，即零售商对公平极度关注，当零售商感到不公平时，愿意付出巨大成本去惩罚对方来维护公平。在上述变换基础之上进一步展开分析。零售商 i 效用函数的一阶条件为：

$$\alpha_i\frac{c_{ij}-s_i-\tau_{ij}-\hat{\lambda}_i(v_j-c_{ij})}{v_i-s_i}\beta_i+\frac{v_i-c_{ji}-\hat{\lambda}_i(c_{ji}-s_j-\tau_{ji})}{v_i-s_i}\gamma_i=\frac{v_i-c}{v_i-s_i},\ i,\ j=1,\ 2 \tag{2.5}$$

两个零售商在采取库存转运策略时决策订单量有四种情境。由于零售商的异质性，零售商可以是公平中性，也可以是公平关切。为简便分析，N 代表公平中性，F 代表公平关切。两个零售商有四种决策组合：NN、FF、NF 和 FN。情境 NN 记作理性决策①，情境 NF 和情境 FN 记作非对称公平关切，情境 FF 记作对称公平关切。

2.3.1 零售商订单量

下面分别在非对称公平关切和对称公平关切下分析零售商的订单量。

非对称公平关切下，一个零售商公平中性，另一个零售商公平关切，情境 NF 和 FN 结论类似，只讨论一种即可，这里我们考虑情境 NF。情境 NF 中，零售商 1 公平中性，零售商 2 公平关切，引入参数 λ_2 作为零售商 2 的公平关切系数。

引理 2.1：情境 NF 中，只要转运价格满足 $c_{12}^{NF} \in \left[s_1+\tau_{12}, \dfrac{v_2+\hat{\lambda}_2(s_1+\tau_{12})}{1+\hat{\lambda}_2}\right]$，$c_{21}^{NF} \in \left[\dfrac{\hat{\lambda}_2 v_1+(s_2+\tau_{21})}{1+\hat{\lambda}_2}, v_1\right]$，两个零售商的订单量存在唯一的纳什均衡。最初的订单量（Q_1^{NF}，Q_2^{NF}）由零售商 1 利润函数的一阶条件和零售商 2 效用函数的一阶条件联立可得。

证明：情境 NF 中，一个零售商理性决策，另一个零售商有公平关切行为倾向。只要证明反应函数单调，且绝对值小于 1，就证明了唯一纳什均衡解存在。

由式（2.2）和式（2.5）可得隐函数方程组为：

$$F(\lambda_j, Q_i, Q_j)=(v_i-s_i)\alpha_i-(c_{ij}-s_i-\tau_{ij})\beta_i+(v_i-c_{ji})\gamma_i-(v_i-c) \tag{2.6}$$

$$G(\lambda_j, Q_i, Q_j)=(1+\lambda_j)(v_j-s_j)\alpha_j-(1+\lambda_j)(v_j-c)-$$

① 理性决策中，只要转运价格满足 $c_{ij} \in [s_i+\tau_{ij}, v_j]$，$i$，$j=1$，2，两个零售商的订单量存在唯一的纳什均衡。最初订单量(Q_1^{NN}，Q_2^{NN})由两个零售商利润函数的一阶条件联立可得。

$$[(1+\lambda_j)(c_{ji}-s_j-\tau_{ji})-\lambda_j(v_i-c_{ji})]\beta_j+$$
$$[(1+\lambda_j)(v_j-c_{ij})-\lambda_j(c_{ij}-s_i-\tau_{ij})]\gamma_j \quad (2.7)$$

由于需求的联合概率分布连续可微，那么 $\alpha_i(Q_i)$、$\beta_i(Q_i, Q_j)$ 和 $\gamma_i(Q_i, Q_j)$ 对 Q_i 和 Q_j 都是连续可微的。其中，$a_i=f_{D_i}(Q_i)$ 是概率密度函数，下面是相应的边际概率密度函数：

$$b_{ij}^1=\Pr(D_i<Q_i)f_{D_i+D_j \mid (D_i<Q_i)}(Q_i+Q_j)$$
$$b_{ij}^2=\Pr(D_i+D_j>Q_i+Q_j)f_{D_i \mid D_i+D_j>Q_i+Q_j}(Q_i)$$
$$g_{ij}^1=\Pr(D_i>Q_i)f_{D_i+D_j \mid D_i>Q_i}(Q_i+Q_j)$$
$$g_{ij}^2=\Pr(D_i+D_j<Q_i+Q_j)f_{D_i \mid D_i+D_j<Q_i+Q_j}(Q_i) \quad (2.8)$$

由方程(2.6)可得反应函数为：

$$\frac{\partial Q_i}{\partial Q_j}=-\frac{(v_i-c_{ji})g_{ij}^1+(c_{ij}-\tau_{ij}-s_i)b_{ij}^1}{(v_i-s_i)a_i+(v_i-c_{ji})(g_{ij}^1-g_{ij}^2)+(c_{ij}-\tau_{ij}-s_i)(b_{ij}^1-b_{ij}^2)} \quad (2.9)$$

由于 $a_i>b_{ij}^2$，$a_i>g_{ij}^2$，以及三角不等式 $c_{ji}\geqslant c_{ij}-\tau_{ij}$，我们可以得到分母中一部分表达式有以下性质：

$$(v_i-s_i)a_i+(v_i-c_{ji})(-g_{ij}^2)+(c_{ij}-\tau_{ij}-s_i)(-b_{ij}^2)>[c_{ji}-(c_{ij}-\tau_{ij})]a_i\geqslant 0 \quad (2.10)$$

只要转运价格满足 $c_{ij}\geqslant\tau_{ij}+s_i$ 和 $c_{ji}\leqslant v_i$，则有 $\frac{\partial Q_i}{\partial Q_j}<0$ 和 $\left|\frac{\partial Q_i}{\partial Q_j}\right|<1$。由方程(2.7)可得反应函数为：

$$\frac{\partial Q_j}{\partial Q_i}=-\frac{[(v_j-c_{ij})-\hat{\lambda}_j(c_{ij}-s_i-\tau_{ij})]g_{ji}^1+[(c_{ji}-s_j-\tau_{ji})-\hat{\lambda}_j(v_i-c_{ji})]b_{ji}^1}{(v_j-s_j)a_j+[(v_j-c_{ij})-\hat{\lambda}_j(c_{ij}-s_i-\tau_{ij})](g_{ji}^1-g_{ji}^2)+[(c_{ji}-s_j-\tau_{ji})-\hat{\lambda}_j(v_i-c_{ji})](b_{ji}^1-b_{ji}^2)}$$
$$(2.11)$$

由于 $a_j>b_{ji}^2$，$a_j>g_{ji}^2$，以及三角不等式 $c_{ij}\geqslant c_{ji}-\tau_{ji}$，我们可以得到分母中一部分表达式有以下性质：

$$(v_j-s_j)a_j+[(v_j-c_{ij})-\hat{\lambda}_j(c_{ij}-s_i-\tau_{ij})](-g_{ji}^2)+[(c_{ji}-s_j-\tau_{ji})-\hat{\lambda}_j(v_i-c_{ji})](-b_{ji}^2)>$$
$$[c_{ij}-(c_{ji}-\tau_{ji})]a_j+[\hat{\lambda}_j(c_{ij}-s_i-\tau_{ij})+\hat{\lambda}_j(v_i-c_{ji})]a_j \quad (2.12)$$

只要转运价格满足$\frac{\hat{\lambda}_j v_i+(s_j+\tau_{ji})}{1+\hat{\lambda}_j}\leqslant c_{ji}\leqslant v_i$ 和$\tau_{ij}+s_i\leqslant c_{ij}\leqslant\frac{v_j+\hat{\lambda}_j(s_i+\tau_{ij})}{1+\hat{\lambda}_j}$，则有

$\frac{\partial Q_j}{\partial Q_i}<0$ 和 $\left|\frac{\partial Q_j}{\partial Q_i}\right|<1$。

综上所述，在情境NF中，只要转运价格分别满足$c_{12}^{NF}\in\left[s_1+\tau_{12},\ \frac{v_2+\hat{\lambda}_2(s_1+\tau_{12})}{1+\hat{\lambda}_2}\right]$，$c_{21}^{NF}\in\left[\frac{\hat{\lambda}_2 v_1+(s_2+\tau_{21})}{1+\hat{\lambda}_2},\ v_1\right]$，则反应函数单调，且绝对值小于1，于是存在唯一的纳什均衡解。证毕。

对称公平关切下，两个零售商都有公平关切行为倾向，引入参数λ'_i，λ'_j作为公平关切系数，λ'_i，$\lambda'_j\geqslant 0$，i，$j=1$，2。

引理2.2： 情境FF中，只要转运价格满足$c_{ij}^{FF}\in\left[\frac{(s_i+\tau_{ij})+\hat{\lambda}'_i v_j}{1+\hat{\lambda}'_i},\ \frac{v_j+\hat{\lambda}'_j(s_i+\tau_{ij})}{1+\hat{\lambda}'_j}\right]$，$i$，$j=1$，2，两个零售商的订单量存在唯一的纳什均衡解。最初的订单量（Q_1^{FF}，Q_2^{FF}）由两个零售商效用函数的一阶条件联立可得（见附录1）。

2.3.2　公平关切对零售商订单量和利润的影响

本章主要研究在非对称和对称公平关切中，公平关切系数对两个零售商的订单量和利润的影响。

采用隐函数定理求解公平关切系数对零售商订单量及利润的影响。可得公平关切系数对零售商的订单量及总订单量影响为：

$$\frac{\partial Q_i}{\partial\lambda_j}=\frac{1}{J}\frac{1}{1+\lambda_j}[(v_i-c_{ji})\beta_j-(c_{ij}-s_i-\tau_{ij})\gamma_j]\times[(c_{ij}-s_i-\tau_{ij})b_{ij}^1+(v_i-c_{ji})g_{ij}^1]\tag{2.13}$$

$$\frac{\partial Q_j}{\partial\lambda_j}=-\frac{1}{J}\frac{1}{1+\lambda_j}[(v_i-c_{ji})\beta_j-(c_{ij}-s_i-\tau_{ij})\gamma_j]\times[(v_i-s_i)a_i+(c_{ij}-s_i-\tau_{ij})(b_{ij}^1-b_{ij}^2)+(v_i-c_{ji})(g_{ij}^1-g_{ij}^2)]\tag{2.14}$$

$$\frac{\partial Q}{\partial\lambda_j}=-\frac{1}{J}\frac{1}{1+\lambda_j}[(v_i-c_{ji})\beta_j-(c_{ij}-s_i-\tau_{ij})\gamma_j]\times[(v_i-s_i)a_i-(c_{ij}-s_i-\tau_{ij})b_{ij}^2-(v_i-c_{ji})g_{ij}^2] \tag{2.15}$$

其中雅克比行列式为：

$$J=[(v_i-s_i)a_i-(c_{ij}-s_i-\tau_{ij})(b_{ij}^2-b_{ij}^1)-(v_i-c_{ji})(g_{ij}^2-g_{ij}^1)]\times\begin{bmatrix}(1+\lambda_j)(v_j-s_j)a_j-[(1+\lambda_j)(c_{ji}-s_j-\tau_{ji})-\lambda_j(v_i-c_{ji})](b_{ji}^2-b_{ji}^1)-\\ [(1+\lambda_j)(v_j-c_{ij})-\lambda_j(c_{ij}-s_i-\tau_{ij})](g_{ji}^2-g_{ji}^1)]\end{bmatrix}-[(c_{ij}-s_i-\tau_{ij})(b_{ij}^1)+(v_i-c_{ji})g_{ij}^1]\times\begin{bmatrix}[(1+\lambda_j)(c_{ji}-s_j-\tau_{ji})-\lambda_j(v_i-c_{ji})]b_{ji}^1+[(1+\lambda_j)(v_j-c_{ij})-\\ \lambda_j(c_{ij}-s_i-\tau_{ij})]g_{ji}^1\end{bmatrix} \tag{2.16}$$

公平关切系数对零售商的利润影响为：

$$\frac{d\pi_i}{d\lambda_j}=\left(-\frac{1}{J}\right)\frac{1}{1+\lambda_j}[(v_i-c_{ji})\beta_j-(c_{ij}-s_i-\tau_{ij})\gamma_j]^2\times[(v_i-s_i)a_i+(c_{ij}-s_i-\tau_{ij})(b_{ij}^1-b_{ij}^2)+(v_i-c_{ji})(g_{ij}^1-g_{ij}^2)] \tag{2.17}$$

$$\frac{d\pi_j}{d\lambda_j}=\left(-\frac{1}{J}\right)\frac{1}{1+\lambda_j}\hat{\lambda}_j[(v_i-c_{ji})\beta_j-(c_{ij}-s_i-\tau_{ij})\gamma_j]^2\times[(v_i-s_i)a_i+(c_{ij}-s_i-\tau_{ij})(b_{ij}^1-b_{ij}^2)+(v_i-c_{ji})(g_{ij}^1-g_{ij}^2)]+\frac{1}{J}\frac{1}{1+\lambda_j}[(v_j-c_{ij})\beta_i-(c_{ji}-s_j-\tau_{ji})\gamma_i]\times[(v_i-c_{ji})\beta_j-(c_{ij}-s_i-\tau_{ij})\gamma_j]\times[(c_{ij}-s_i-\tau_{ij})b_{ij}^1+(v_i-c_{ji})g_{ij}^1] \tag{2.18}$$

同理，对称公平关切下，采用隐函数定理求解公平关切系数对零售商的订单量及利润的影响。对称公平关切下，公平关切系数对零售商的订单量及总订单量的影响为：

$$\frac{\partial Q_i}{\partial\lambda'_i}=-\frac{1}{J'}\frac{1}{1+\lambda'_i}[(v_j-c_{ij})\beta_i-(c_{ji}-s_j-\tau_{ji})\gamma_i]\times\begin{bmatrix}(1+\lambda'_j)(v_j-s_j)a_j+[(1+\lambda'_j)(c_{ji}-s_j-\tau_{ji})-\lambda'_j(v_i-c_{ji})]\\ (b_{ji}^1-b_{ji}^2)+[(1+\lambda'_j)(v_j-c_{ij})-\lambda'_j(c_{ij}-s_i-\tau_{ij})](g_{ji}^1-g_{ji}^2)\end{bmatrix} \tag{2.19}$$

$$\frac{\partial Q_j}{\partial \lambda'_i}=\frac{1}{J'}\frac{1}{1+\lambda'_i}[(v_j-c_{ij})\beta_i-(c_{ji}-s_j-\tau_{ji})\gamma_i]\times\begin{bmatrix}[(1+\lambda'_j)(c_{ji}-s_j-\tau_{ji})-\lambda'_j(v_i-c_{ji})]b_{ji}^1+\\ [(1+\lambda'_j)(v_j-c_{ij})-\lambda'_j(c_{ij}-s_i-\tau_{ij})]g_{ji}^1\end{bmatrix} \tag{2.20}$$

$$\frac{\partial Q}{\partial \lambda'_i}=-\frac{1}{J'}\frac{1}{1+\lambda'_i}[(v_j-c_{ij})\beta_i-(c_{ji}-s_j-\tau_{ji})\gamma_i]\times\begin{bmatrix}(1+\lambda'_j)(v_j-s_j)a_j-[(1+\lambda'_j)(c_{ji}-s_j-\tau_{ji})-\lambda'_j(v_i-c_{ji})]\\ b_{ji}^2+[(1+\lambda'_j)(v_j-c_{ij})-\lambda'_j(c_{ij}-s_i-\tau_{ij})]g_{ji}^2\end{bmatrix} \tag{2.21}$$

其中雅克比行列式为：

$$J'=\begin{bmatrix}(1+\lambda'_i)(v_i-s_i)a_i-[(1+\lambda'_i)(c_{ij}-s_i-\tau_{ij})-\lambda'_i(v_j-c_{ij})]\\ (b_{ij}^2-b_{ij}^1)-[(1+\lambda'_i)(v_i-c_{ji})-\lambda'_i(c_{ji}-s_j-\tau_{ji})](g_{ij}^2-g_{ij}^1)\end{bmatrix}\times$$
$$\begin{bmatrix}(1+\lambda'_j)(v_j-s_j)a_j-[(1+\lambda'_j)(c_{ji}-s_j-\tau_{ji})-\lambda'_j(v_i-c_{ji})]\\ (b_{ji}^2-b_{ji}^1)-[(1+\lambda'_j)(v_j-c_{ij})-\lambda'_j(c_{ij}-s_i-\tau_{ij})](g_{ji}^2-g_{ji}^1)\end{bmatrix}-$$
$$\begin{bmatrix}[(1+\lambda'_i)(c_{ij}-s_i-\tau_{ij})-\lambda'_i(v_j-c_{ij})](b_{ij}^1)+[(1+\lambda'_i)\\ (v_i-c_{ji})-\lambda'_i(c_{ji}-s_j-\tau_{ji})](g_{ij}^1)\end{bmatrix}\times$$
$$\begin{bmatrix}[(1+\lambda'_j)(c_{ji}-s_j-\tau_{ji})-\lambda'_j(v_i-c_{ji})](b_{ji}^1)+[(1+\lambda'_j)\\ (v_j-c_{ij})-\lambda'_j(c_{ij}-s_i-\tau_{ij})](g_{ji}^1)\end{bmatrix} \tag{2.22}$$

对称公平下，公平关切系数对零售商利润的影响为：

$$\frac{\mathrm{d}\pi_i}{\mathrm{d}\lambda'_i}=\left(-\frac{1}{J'}\right)\frac{\hat{\lambda}'_i}{1+\lambda'_i}[(v_j-c_{ij})\beta_i-(c_{ji}-s_j-\tau_{ji})\gamma_i]^2\times\begin{bmatrix}(1+\lambda'_j)(v_j-s_j)a_j+[(1+\lambda'_j)(c_{ji}-s_j-\tau_{ji})-\lambda'_j(v_i-c_{ji})]\\ (b_{ji}^1-b_{ji}^2)+[(1+\lambda'_j)(v_j-c_{ij})-\lambda'_j(c_{ij}-s_i-\tau_{ij})](g_{ji}^1-g_{ji}^2)\end{bmatrix}+$$
$$\frac{1}{J'}\frac{1}{1+\lambda'_i}[(v_j-c_{ij})\beta_i-(c_{ji}-s_j-\tau_{ji})\gamma_i][(v_i-c_{ji})\beta_j-(c_{ij}-s_i-\tau_{ij})\gamma_j]\times\begin{bmatrix}[(1+\lambda'_j)(c_{ji}-s_j-\tau_{ji})-\lambda'_j(v_i-c_{ji})]b_{ji}^1+[(1+\lambda'_j)\\ (v_j-c_{ij})-\lambda'_j(c_{ij}-s_i-\tau_{ij})]g_{ji}^1\end{bmatrix} \tag{2.23}$$

$$\frac{\mathrm{d}\pi_j}{\mathrm{d}\lambda'_i}=\left(-\frac{1}{J'}\right)\frac{1}{1+\lambda'_i}[(v_j-c_{ij})\beta_i-(c_{ji}-s_j-\tau_{ji})\gamma_i]^2\times$$

$$\begin{bmatrix}(1+\lambda'_j)(v_j-s_j)a_j+[(1+\lambda'_j)(c_{ji}-s_j-\tau_{ji})-\lambda'_j(v_i-c_{ji})] \\ (b_{ji}^1-b_{ji}^2)+[(1+\lambda'_j)(v_j-c_{ij})-\lambda'_j(c_{ij}-s_i-\tau_{ij})](g_{ji}^1-g_{ji}^2)\end{bmatrix}+$$

$$\frac{1}{J'}\frac{\hat{\lambda}'_j}{1+\lambda'_i}[(v_j-c_{ij})\beta_i-(c_{ji}-s_j-\tau_{ji})\gamma_i][(v_i-c_{ji})\beta_j-(c_{ij}-s_i-\tau_{ij})\gamma_j]\times$$

$$\begin{bmatrix}[(1+\lambda'_j)(c_{ji}-s_j-\tau_{ji})-\lambda'_j(v_i-c_{ji})]b_{ji}^1+[(1+\lambda'_j) \\ (v_j-c_{ij})-\lambda'_j(c_{ij}-s_i-\tau_{ij})]g_{ji}^1\end{bmatrix} \tag{2.24}$$

可以看出，公平关切系数对订单量和利润的影响，与零售商 i 转运的边际平均利润比较式 $\eta_i=(v_i-c_{ji})\beta_j-(c_{ij}-s_i-\tau_{ij})\gamma_j$，$i$，$j=1$，2 密切相关。$\eta_i$ 反映零售商 i 对接受转运或实施转运状态的倾向，作为两个零售商决策订单量的依据。当 $\eta_i=0$ 时，零售商 i 对接受转运和实施转运状态无差异；当 $\eta_i>0$ 时，零售商 i 倾向接受转运；当 $\eta_i<0$ 时，零售商 i 倾向实施转运。其中，$(v_i-c_{ji})\beta_j$ 表示零售商 i 接受转运时获得的边际平均利润；$(c_{ij}-s_i-\tau_{ij})\gamma_j$ 表示零售商 i 实施转运时获得的边际平均利润。

命题 2.1：情境 NF 中，零售商公平关切对其订单量的影响有以下几种情况：当零售商 1 对接受转运和实施转运状态无差异时，两个零售商的订单量不会随 λ_2 而变化；当零售商 1 倾向接受转运时，零售商 2 对公平越关注，零售商 1 的订单量越大，零售商 2 的订单量越小，总订单量越小；当零售商 1 倾向实施转运时，零售商 2 对公平越关注，零售商 1 的订单量越小，零售商 2 的订单量越大，总订单量越大。

证明：结合引理 2.1 的证明过程可以得出：当 $\eta_1=0$ 时，$\frac{\partial Q_1^{NF}}{\partial\lambda_2}=\frac{\partial Q_2^{NF}}{\partial\lambda_2}=0$；当 $\eta_1>0$ 时，$\frac{\partial Q_1^{NF}}{\partial\lambda_2}>0$，$\frac{\partial Q_2^{NF}}{\partial\lambda_2}<0$，$\frac{\partial Q^{NF}}{\partial\lambda_2}<0$；当 $\eta_1<0$ 时，$\frac{\partial Q_1^{NF}}{\partial\lambda_2}<0$，$\frac{\partial Q_2^{NF}}{\partial\lambda_2}>0$，$\frac{\partial Q^{NF}}{\partial\lambda_2}>0$。证毕。

命题 2.1 表明，当零售商 1 对接受转运和实施转运的状态要求无差异时，零售商 2 的订单量不会随其对公平的关注程度的变化而变化，零售商 1 的订单量也不会改变。当零售商 1 倾向接受转运时，由于零售商 2 公平关切，零售商 2 会通过减少自己的订单量来减少给零售商 1 的转运量，零售商 1 只好自己增加订单量来满足市场需求，所以，零售商 2 对公平越关注，零售商 1 的订单量越大，零售商 2 的订单量越小。当零售商 1 倾向实施转运时，由于零售商 2 公平关切，零售商 2 会通过增加自己的订单量来减少从零售商 1 获取的转运量，零售商 1 相应地减少订单量，所以，零售商 2 对公平越关注，零售商 1 的订单量越小，零售商 2 的订单量越大。而且，系统总订单量随公平关切系数的变化趋势，与零售商 2 随公平关切系数的变化趋势一致。可以看出，零售商 2 关注公平对个体竞争优势的追求，主导了总订单量的变化趋势。

命题 2.2：情境 *NF* 中，零售商 2 对公平越关注，零售商 1 的利润越小，零售商 2 的利润在条件 C_1^{NF} 下越小，在条件 C_2^{NF} 下越大。

证明：结合引理 2.1 的证明过程可以得出，公平关切系数对两个零售商利润的影响为：$\frac{\mathrm{d}\,\pi_1^{NF}}{\mathrm{d}\lambda_2}\leqslant 0$ 总是成立。当 $\eta_1\geqslant 0$ 且 $\eta_2<\eta_3$ 时，或当 $\eta_1<0$ 且 $\eta_2>\eta_3$ 时，则 $\frac{\mathrm{d}\,\pi_2^{NF}}{\mathrm{d}\lambda_2}\leqslant 0$；当 $\eta_1>0$ 且 $\eta_2>\eta_3$ 时，或当 $\eta_1<0$ 且 $\eta_2<\eta_3$ 时，则 $\frac{\mathrm{d}\,\pi_2^{NF}}{\mathrm{d}\lambda_2}>0$。其中，

$$\eta_3:=\hat{\lambda}_2\times\eta_1\times\frac{(v_1-s_1)a_1+(v_1-c_{21})(g_{12}^1-g_{12}^2)+(c_{12}-\tau_{12}-s_1)(b_{12}^1-b_{12}^2)}{[(v_1-c_{21})g_{12}^1+(c_{12}-\tau_{12}-s_1)b_{12}^1]}\tag{2.25}$$

定义条件 C_1^{NF}：$\eta_1\geqslant 0$ 且 $\eta_2<\eta_3$，或 $\eta_1<0$ 且 $\eta_2>\eta_3$。

定义条件 C_2^{NF}：$\eta_1>0$ 且 $\eta_2>\eta_3$，或 $\eta_1<0$ 且 $\eta_2<\eta_3$。

综上所述，$\frac{\mathrm{d}\,\pi_1^{NF}}{\mathrm{d}\lambda_2}\leqslant 0$ 总是成立。只要满足条件 C_1^{NF}，则 $\frac{\mathrm{d}\,\pi_2^{NF}}{\mathrm{d}\lambda_2}\leqslant 0$，只要满足条件 C_2^{NF}，则 $\frac{\mathrm{d}\,\pi_2^{NF}}{\mathrm{d}\lambda_2}>0$。证毕。

命题 2.2 表明，由于零售商 2 公平关切，零售商 2 控制转运量以减少零售商 1 通过转运获得的间接利润，导致零售商 1 的总利润下降。零售商 2 公平关切，可能会使自己的利润增加也可能减小。零售商 2 的利润随公平关切系数的变化趋势，与两个零售商对接受转运与实施转运倾向有关。

当企业库存持有成本较高时，相应的初始订单量较少，倾向于需求实现之后接受转运，当企业库存持有成本较低时，相应的初始订单量较多，倾向于需求实现之后实施转运。所以，倾向接受转运的企业常拥有较高的库存持有成本，倾向实施转运的企业常拥有较低的库存持有成本。

零售商的利润由两部分组成：一部分利润源于产品的直接销售，另一部分利润源于转运行为。当零售商 2 倾向接受转运时：①由命题 2.1 可知，若零售商 1 倾向接受转运，随着零售商 2 对公平的关注程度加深，零售商 2 的初始订单量减少。由于初始订单量减少，零售商 2 的成本和收益曲线都下降，关注直接销售产品产生的利润，通过转运获得的间接利润减少。②由命题 2.1 可知，若零售商 1 倾向实施转运，随着零售商 2 对公平的关注程度加深，零售商 2 的初始订单量增加，成本和收益曲线都上升。由于零售商 2 关注转运产生的利润，使其拥有较高的库存持有成本反而订购量增多，则零售商 2 直接销售产品产生的利润减少，总利润也减少。

当零售商 2 倾向实施转运时，零售商 2 的利润随着公平关切系数变化的单调性保持不变。①由命题 2.1 可知，若零售商 1 倾向接受转运，随着零售商 2 对公平的关注程度加深，零售商 2 的初始订单量减少。由于初始订单量减少，零售商 2 的成本和收益曲线下降。由于零售商 2 关注转运产生的利润，使其拥有较低的库存持有成本反而订购量减少，则零售商 2 的直接销售产品产生的利润减少，总利润也减少。②由命题 2.1 可知，若零售商 1 倾向实施转运，随着零售商 2 对公平的关注程度加深，零售商 2 的初始订单量增加。由于初始订单量增加，成本和收益曲线都上升，关注直接销售产品产生的利润，通过转运获得的间接利润减少。

命题 2.3：对称公平关切下，零售商公平关切对其订单量的影响有以下几种情况：①当两个零售商都对接受转运和实施转运状态无差异时，零售商的订单量不会随两个零售商的公平关切程度变化而变化。②当两个零售商都倾向接受转运（实施转运）时，零售商 1（零售商 2）订单量受两个公平关切系数的影响变化趋势相反，总订单量受两个公平关切系数的影响变化相同。当两个零售商都倾向接受转运时，两个零售商越关注公平，总订单量越小，当两个零售商都倾向实施转运时，两个零售商越关注公平，总订单量越大。③当一个零售商倾向实施转运另一个零售商倾向接受转运时，零售商 1（零售商 2）订单量受两个公平关切系数的影响变化相同，总订单量受两个公平关切系数的影响变化趋势相反。当零售商 1（零售商 2）倾向接受转运，零售商 2（零售商 1）倾向实施转运时，两个零售商越关注公平，零售商 1（零售商 2）的订单量越大，零售商 2（零售商 1）的订单量越小。

证明：结合引理 2.2 的证明过程，可以得出：当 $\eta_i=\eta_j=0$ 时，有 $\frac{\partial Q_i^{FF}}{\partial \lambda'_i}=\frac{\partial Q_i^{FF}}{\partial \lambda'_j}=0$，$\frac{\partial Q_j^{FF}}{\partial \lambda'_i}=\frac{\partial Q_j^{FF}}{\partial \lambda'_j}=0$，$\frac{\partial Q^{FF}}{\partial \lambda'_i}=0$，$\frac{\partial Q^{FF}}{\partial \lambda'_j}=0$。当 $\eta_i\times\eta_j>0$ 时，有 $\frac{\partial Q_i^{FF}}{\partial \lambda'_i}\frac{\partial Q_i^{FF}}{\partial \lambda'_j}<0$，$\frac{\partial Q_j^{FF}}{\partial \lambda'_i}\frac{\partial Q_j^{FF}}{\partial \lambda'_j}<0$，若 $\eta_i>0$ 且 $\eta_j>0$，则 $\frac{\partial Q^{FF}}{\partial \lambda'_i}<0$，$\frac{\partial Q^{FF}}{\partial \lambda'_j}<0$，若 $\eta_i<0$ 且 $\eta_j<0$，则 $\frac{\partial Q^{FF}}{\partial \lambda'_i}>0$，$\frac{\partial Q^{FF}}{\partial \lambda'_j}>0$。当 $\eta_i\times\eta_j<0$ 时，有 $\frac{\partial Q^{FF}}{\partial \lambda'_i}\frac{\partial Q^{FF}}{\partial \lambda'_j}<0$，若 $\eta_i>0$ 且 $\eta_j<0$，则 $\frac{\partial Q_i^{FF}}{\partial \lambda'_i}>0$，$\frac{\partial Q_i^{FF}}{\partial \lambda'_j}>0$，$\frac{\partial Q_j^{FF}}{\partial \lambda'_i}<0$，$\frac{\partial Q_j^{FF}}{\partial \lambda'_j}<0$，若 $\eta_i<0$ 且 $\eta_j>0$，则 $\frac{\partial Q_i^{FF}}{\partial \lambda'_i}<0$，$\frac{\partial Q_i^{FF}}{\partial \lambda'_j}<0$，$\frac{\partial Q_j^{FF}}{\partial \lambda'_i}>0$，$\frac{\partial Q_j^{FF}}{\partial \lambda'_j}>0$。$i$，$j=1$，2。证毕。

命题 2.3 表明，对称公平关切下，订单量的变化同时受 λ'_i，λ'_j 的影响。当两个零售商都公平关切时，两个零售商的公平关切系数对订单量的影响叠加在一起，这两种影响相互增强或者相互抵消。当两个零售商都倾向接受转运（实施转运)时，这两种影响相互抵消。当一个零售商倾向实施转运，另一个零售商倾向接受转运时，这两种影响相互增强。

当两个零售商都倾向接受转运（实施转运）时，对零售商之间的转运合作不重视，零售商关注公平追求个体竞争优势的途径，是关注直接销售产品产生的利润。由于倾向接受转运的企业常拥有较高的库存持有成本，倾向实施转运的企业常拥有较低的库存持有成本。当两个零售商倾向接受转运（实施转运）时，两个零售商的订单量都较少（较多），两个零售商越关注公平，总订单量越小（大）。当一个零售商倾向接受转运，另一个零售商倾向实施转运时，对零售商之间的转运合作高度重视，关注通过转运获得的间接利润。将库存转运作为关注公平提高个体竞争优势的途径，违背了采取库存转运策略的初衷。所以，两个零售商越关注公平，越是追求个体竞争优势，倾向接受转运的零售商反而订购较多，倾向实施转运的零售商反而订购较少。

命题 2.4：对称公平关切下，零售商公平关切对其订单量的影响有以下两种情况：在条件 $C_5 \cup C_6 (C_9 \cup C_{10})$ 下，零售商 1(零售商 2) 的利润受两个公平关切系数的影响变化趋势相反；在条件 $C_3 \cup C_4 (C_7 \cup C_8)$ 下，零售商 1(零售商 2) 的利润受两个公平关切系数的影响变化趋势相同。

证明：结合引理 2.2 的证明过程并结合公平关切系数对两个零售商利润影响的表达式可以看出：当 $\eta_2 \geqslant 0$ 且 $\eta_1 < \eta_4$ 时，或当 $\eta_2 < 0$ 且 $\eta_1 > \eta_4$ 时，则 $\frac{\mathrm{d}\,\pi_1^{FF}}{\mathrm{d}\lambda'_1} \leqslant 0$；当 $\eta_2 > 0$ 且 $\eta_1 > \eta_4$ 时，或当 $\eta_2 < 0$ 且 $\eta_1 < \eta_4$ 时，则 $\frac{\mathrm{d}\,\pi_1^{FF}}{\mathrm{d}\lambda'_1} > 0$。当 $\eta_1 \geqslant 0$ 且 $\eta_2 < \eta_5$ 时，或当 $\eta_1 < 0$ 且 $\eta_2 > \eta_5$ 时，则 $\frac{\mathrm{d}\,\pi_1^{FF}}{\mathrm{d}\lambda'_2} \leqslant 0$；当 $\eta_1 > 0$ 且 $\eta_2 > \eta_5$ 时，或当 $\eta_1 < 0$ 且 $\eta_2 < \eta_5$ 时，则 $\frac{\mathrm{d}\,\pi_1^{FF}}{\mathrm{d}\lambda'_2} > 0$。当 $\eta_2 \geqslant 0$ 且 $\eta_1 < \eta_6$ 时，或当 $\eta_2 < 0$ 且 $\eta_1 > \eta_6$ 时，则 $\frac{\mathrm{d}\,\pi_2^{FF}}{\mathrm{d}\lambda'_1} \leqslant 0$；当 $\eta_2 > 0$ 且 $\eta_1 > \eta_6$ 时，或当 $\eta_2 < 0$ 且 $\eta_1 < \eta_6$ 时，则 $\frac{\mathrm{d}\,\pi_2^{FF}}{\mathrm{d}\lambda'_1} > 0$。当 $\eta_1 \geqslant 0$ 且 $\eta_2 < \eta_7$ 时，或

当 $\eta_1<0$ 且 $\eta_2>\eta_7$ 时，则 $\frac{\mathrm{d}\,\pi_2^{FF}}{\mathrm{d}\lambda'_2}\leqslant 0$；当 $\eta_1>0$ 且 $\eta_2>\eta_7$ 时，或当 $\eta_1<0$ 且 $\eta_2<\eta_7$ 时，则 $\frac{\mathrm{d}\,\pi_2^{FF}}{\mathrm{d}\lambda'_2}>0$。其中：

$$\eta_4:=\hat{\lambda}'_1\times\eta_2\times\frac{(v_2-s_2)a_2+[(c_{21}-s_2-\tau_{21})-\hat{\lambda}'_2(v_1-c_{21})](b_{21}^1-b_{21}^2)+[(v_2-c_{12})-\hat{\lambda}'_2(c_{12}-s_1-\tau_{12})](g_{21}^1-g_{21}^2)}{[[(c_{21}-s_2-\tau_{21})-\hat{\lambda}'_2(v_1-c_{21})]b_{21}^1+[(v_2-c_{12})-\hat{\lambda}'_2(c_{12}-s_1-\tau_{12})]g_{21}^1]} \tag{2.26}$$

$$\eta_5:=\frac{1}{\hat{\lambda}'_1}\times\eta_1\times\frac{(v_1-s_1)a_1+[(c_{12}-\tau_{12}-s_1)-\hat{\lambda}'_1(v_2-c_{12})](b_{12}^1-b_{12}^2)+[(v_1-c_{21})-\hat{\lambda}'_1(c_{21}-s_2-\tau_{21})](g_{12}^1-g_{12}^2)}{[[(c_{12}-\tau_{12}-s_1)-\hat{\lambda}'_1(v_2-c_{12})]b_{12}^1+[(v_1-c_{21})-\hat{\lambda}'_1(c_{21}-s_2-\tau_{21})]g_{12}^1]} \tag{2.27}$$

$$\eta_6:=\frac{1}{\hat{\lambda}'_2}\times\eta_2\times\frac{(v_2-s_2)a_2+[(c_{21}-s_2-\tau_{21})-\hat{\lambda}'_2(v_1-c_{21})](b_{21}^1-b_{21}^2)+[(v_2-c_{12})-\hat{\lambda}'_2(c_{12}-s_1-\tau_{12})](g_{21}^1-g_{21}^2)}{[[(c_{21}-s_2-\tau_{21})-\hat{\lambda}'_2(v_1-c_{21})]b_{21}^1+[(v_2-c_{12})-\hat{\lambda}'_2(c_{12}-s_1-\tau_{12})]g_{21}^1]} \tag{2.28}$$

$$\eta_7:=\hat{\lambda}'_2\times\eta_1\times\frac{(v_1-s_1)a_1+[(c_{12}-\tau_{12}-s_1)-\hat{\lambda}'_1(v_2-c_{12})](b_{12}^1-b_{12}^2)+[(v_1-c_{21})-\hat{\lambda}'_1(c_{21}-s_2-\tau_{21})](g_{12}^1-g_{12}^2)}{[[(c_{12}-\tau_{12}-s_1)-\hat{\lambda}'_1(v_2-c_{12})]b_{12}^1+[(v_1-c_{21})-\hat{\lambda}'_1(c_{21}-s_2-\tau_{21})]g_{12}^1]} \tag{2.29}$$

定义条件 C_3：$\eta_1>0$ 且 $\eta_2<0$，或 $\eta_1<0$ 且 $\eta_2>0$，或 $\eta_4>\eta_1>0$ 且 $\eta_5>\eta_2>0$，或 $\eta_4<\eta_1<0$ 且 $\eta_5<\eta_2<0$。

定义条件 C_4：$\eta_1>\eta_4>0$ 且 $\eta_2>\eta_5>0$，或 $\eta_1<\eta_4<0$ 且 $\eta_2<\eta_5<0$。

定义条件 C_5：$\eta_4>\eta_1>0$ 且 $\eta_2>\eta_5>0$，或 $\eta_4<\eta_1<0$ 且 $\eta_2<\eta_5<0$。

定义条件 C_6：$\eta_1>\eta_4>0$ 且 $\eta_5>\eta_2>0$，或 $\eta_1<\eta_4<0$ 且 $\eta_5<\eta_2<0$。

只要满足条件 C_3 则 $\frac{\mathrm{d}\pi_1^{FF}}{\mathrm{d}\lambda'_1}\leqslant 0$，$\frac{\mathrm{d}\pi_1^{FF}}{\mathrm{d}\lambda'_2}\leqslant 0$；只要满足条件 C_4 则 $\frac{\mathrm{d}\pi_1^{FF}}{\mathrm{d}\lambda'_1}>0$，$\frac{\mathrm{d}\pi_1^{FF}}{\mathrm{d}\lambda'_2}>0$；只要满足条件 C_5 则 $\frac{\mathrm{d}\pi_1^{FF}}{\mathrm{d}\lambda'_1}\leqslant 0$，$\frac{\mathrm{d}\pi_1^{FF}}{\mathrm{d}\lambda'_2}>0$；只要满足条件 C_6 则 $\frac{\mathrm{d}\pi_1^{FF}}{\mathrm{d}\lambda'_1}>0$，$\frac{\mathrm{d}\pi_1^{FF}}{\mathrm{d}\lambda'_2}\leqslant 0$。

定义条件 C_7：$\eta_1>0$ 且 $\eta_2<0$，或 $\eta_1<0$ 且 $\eta_2>0$，或 $\eta_6>\eta_1>0$ 且 $\eta_7>\eta_2>0$，或 $\eta_6<\eta_1<0$ 且 $\eta_7<\eta_2<0$。

定义条件 C_8：$\eta_1>\eta_6>0$ 且 $\eta_2>\eta_7>0$，或 $\eta_1<\eta_6<0$ 且 $\eta_2<\eta_7<0$。

定义条件 C_9：$\eta_6>\eta_1>0$ 且 $\eta_2>\eta_7>0$，或 $\eta_6<\eta_1<0$ 且 $\eta_2<\eta_7<0$。

定义条件 C_{10}：$\eta_1>\eta_6>0$ 且 $\eta_7>\eta_2>0$，或 $\eta_1<\eta_6<0$ 且 $\eta_7<\eta_2<0$。

只要满足条件 C_7，则 $\frac{\mathrm{d}\pi_2^{FF}}{\mathrm{d}\lambda'_1}\leqslant 0$，$\frac{\mathrm{d}\pi_2^{FF}}{\mathrm{d}\lambda'_2}\leqslant 0$；只要满足条件 C_8，则 $\frac{\mathrm{d}\pi_2^{FF}}{\mathrm{d}\lambda'_1}>0$，$\frac{\mathrm{d}\pi_2^{FF}}{\mathrm{d}\lambda'_2}>0$；只要满足条件 C_9，则 $\frac{\mathrm{d}\pi_2^{FF}}{\mathrm{d}\lambda'_1}\leqslant 0$，$\frac{\mathrm{d}\pi_2^{FF}}{\mathrm{d}\lambda'_2}>0$；只要满足条件 C_{10}，则 $\frac{\mathrm{d}\pi_2^{FF}}{\mathrm{d}\lambda'_1}>0$，$\frac{\mathrm{d}\pi_2^{FF}}{\mathrm{d}\lambda'_2}\leqslant 0$。

对称公平关切下，两个零售商对公平越关注，在条件 $C_5\cup C_6$（$C_9\cup C_{10}$）下，零售商1（零售商2）的利润受两个公平关切系数的影响变化趋势相反；在条件 $C_3\cup C_4$（$C_7\cup C_8$）下，零售商1（零售商2）的利润受两个公平关切系数的影响变化趋势相同。证毕。

命题2.4表明，当两个零售商都公平关切时，两个零售商的公平关切系数对利润的影响叠加在一起，这两种影响相互增强或者相互抵消。两个零售商的利润随公平关切系数的变化趋势，与两个零售商对接受转运与实施转运倾向有关。

由命题2.3可知，当两个零售商都倾向接受转运（实施转运）时，订单量都较少（较多），零售商关注公平追求个体竞争优势的途径，是关注直接销售产品产生的利润，通过转运获得的间接利润减少。

由命题2.3可知，当一个零售商倾向接受转运，另一个零售商倾向实施转运时，关注通过转运获得的间接利润，将库存转运作为关注公平提高个体竞争优势的途径。倾向接受转运的零售商反而订购较多，倾向实施转运的零售商反而订购较少。由于倾向接受转运的企业常拥有较高的库存持有成本，倾向实施转运的企业常拥有较低的库存持有成本，导致倾向接受转运的零售商总成本升高，倾向实施转运的零售商总收益下降。最后导致了两个零售商直接销售产品的利润下降，总利润也减少。

通过命题2.1和命题2.3可以看出，零售商公平关切对其订单量的影响为：①零售商1和零售商2的订单量随着公平关切系数的变化趋势相反，是因为两个零售商的订单量在满足顾客需求时是替代关系。②具有公平关切行为的零售商的订单量与总订单量随公平关切系数变化一致，说明具有公平关切的零售商订购时受自身的公平关切影响较大，公平中性零售商受其影响较小。

通过命题2.2和命题2.4可以看出，零售商应重点关注直接销售产品产生的利润，对转运产生的间接利润过分关注，反而会使自身利益受损。零售商公平关切对其利润的影响为：①非对称公平关切下，公平中性零售商的利润总是减小。当一个零售商倾向接受转运，另一个零售商倾向实施转运时，公平关切的零售商对公平越关注，其自身的总利润都减少。当两个零售商都倾向接受转运（实施转运）时，随着对公平的关注程度加深，越关注直接销售产品产生的利润，通过转运获得的间接利润越少。②对称公平关切下，当一个零售商倾向接受转运，另一个零售商倾向实施转运时，关注通过转运获得的间接利润，将库存转运作为关注公平提高个体竞争优势的途径。随着两个零售商对公平的关注程度加深，两个零售商直接销售产品的利润都下降，自身的总利润都减少。当两个零售商都倾向接受转运（实施转运）时，零售商关注公平追求个体竞争优势的途径，关注直接销售产生的利润，对库存转运行为不予重视。两个零售商越关注公平，倾向接受转运（实施转运）的两个零售商通过转运获得的间接利润越少。

2.4 算例分析

由于数理模型无法明确给出零售商的订单量和利润，这里我们采用数值计算来研究非对称公平关切和对称公平关切两种情境下库存转运策略实施的有效性，并将总利润作为合作团队的绩效，对两种情境与完全理性决策进行比较。判断库存转运策略可实施的依据是：零售商公平关切时的组织公平效用 $f_i \geqslant 0.000$，零售商公平中性时的利润 $\pi_i > \pi_i^N$，π_i^N 为零售商未采取库存转运策略时相应的利润，$i=1$，2。

假设零售商 1 和零售商 2 的需求均服从均匀分布 $D_i \sim U[0,\ 100]$，$i=1$，2。零售商的零售价格 $r_1=r_2=10$，零售商每单位剩余库存的残值 $s_1=s_2=4$，零售商每单位未满足需求的缺货成本 $p_1=p_2=2$，零售商每单位的进货成本 $c=5$，转运成本 $\tau_{12}=\tau_{21}=0.500$，转运价格范围满足 $4.500 \leqslant c_{12}$，$c_{21} \leqslant 12$。两个零售商不转运时，零售商订单量均为 $Q_i^N=87.500$，零售商的利润均为 $\pi_i^N=181.250$。概率函数的表达式如下：

$$\alpha_i(Q_i)=\begin{cases}\dfrac{1}{100}Q_i & 0<Q_i\leqslant 100\\ 1 & \text{其他}\end{cases} \tag{2.30}$$

$$\beta_i(Q_i,\ Q_j)=\begin{cases}\dfrac{1}{10000}\left(100Q_i-Q_iQ_j-\dfrac{1}{2}Q_i^2\right) & 0<Q_j\leqslant 100-Q_i\\ \dfrac{1}{20000}(100-Q_j)^2 & 100-Q_i<Q_j\leqslant 100\\ 0 & \text{其他}\end{cases} \tag{2.31}$$

$$\gamma_i(Q_i, Q_j)=\begin{cases}\frac{1}{20000}Q_j^2 & 0<Q_j\leqslant 100-Q_i\\ \frac{1}{20000}(100-Q_i)(2Q_j+Q_i-100) & 100-Q_i<Q_j\leqslant 100\\ \frac{1}{20000}[(100-Q_i)(2Q_j+Q_i-100)-(Q_j-100)^2] & 100<Q_j\leqslant 200-Q_i\\ 0 & 其他\end{cases} \tag{2.32}$$

表 2.2 和表 2.3 为情境 NF 中两个零售商的订单量及利润分别对公平关切系数的敏感性分析。表 2.2 中转运价格相同，$c_{12}=c_{21}=8$，表 2.3 中转运价格不同，$c_{12}=5$，$c_{21}=11$。可以看出，无论转运价格相同与否，零售商的订单量及利润随公平关切系数的变化趋势是一致的。随着公平关切系数 $\hat{\lambda}_2$ 的增大，零售商 1 的订单量减少，零售商 2 的订单量增加，总订单量增加。随着 $\hat{\lambda}_2$ 的增大，零售商 1 的利润减少，零售商 2 的组织公平效用增加，总利润下降。公平中性的零售商倾向于低的公平关切系数，公平关切的零售商倾向于高的公平关切系数。当两个零售商采取库存转运策略进行合作时，零售商 2 关注公平对个体竞争优势的追求，降低了合作团队与合作成员的绩效，影响库存转运的实施效果。

表 2.2　情境 NF 中公平关切系数对订单量及利润的影响（转运价格相同）

c_{12}	c_{21}	$\hat{\lambda}_2$	Q_1	Q_2	Q	π_1	π_2	π	f_2
8	8	0.000	81.576	81.576	163.153	215.089	215.089	430.177	0.000
8	8	0.200	81.222	82.994	164.570	214.455	215.219	429.675	0.192
8	8	0.400	80.931	84.177	165.108	213.972	215.256	429.228	0.856
8	8	0.600	80.689	85.177	166.753	213.596	215.235	428.831	2.460
8	8	0.800	80.484	86.031	167.608	213.298	215.181	428.479	7.530

表 2.3　情境 NF 中公平关切系数对订单量及利润的影响（转运价格不同）

c_{12}	c_{21}	$\hat{\lambda}_2$	Q_1	Q_2	Q	π_1	π_2	π	f_2
5	11	0.000	86.778	68.759	155.536	210.518	222.225	432.743	0.000
5	11	0.200	86.758	69.266	156.024	210.410	222.226	432.637	2.955
5	11	0.400	86.739	69.763	156.502	210.306	222.219	432.524	7.942
5	11	0.600	86.721	70.249	156.970	210.205	222.202	432.407	17.995
5	11	0.800	86.703	70.725	157.427	210.108	222.177	432.284	48.275

表 2.2 中，在完全理性决策下，当转运价格 $c_{12}=c_{21}=8$ 时，零售商 1 的利润为 215.089，总利润为 430.177。非对称公平关切下，当转运价格 $c_{12}=c_{21}=8$，$\hat{\lambda}_2=0.400$ 时，零售商 1 的利润为 213.972，总利润为 429.228。通过比较可以看出，与完全理性决策相比较，非对称公平关切下，零售商 2 的组织公平效用增加，零售商 1 的利润和总利润下降，合作团队绩效下降。

表 2.4 为情境 NF 中两个零售商的订单量及利润分别对转运价格的敏感性分析。从表 2.4 中可以看出，当 $\hat{\lambda}_2=0.400$，c_{12}，$c_{21}\in\{7,\ 8,\ 9\}$ 时，随着 c_{12} 和 c_{21} 的增大，总订单量增加，总利润减少。随着 c_{12} 的增大，零售商 2 的组织公平效用降低，随着 c_{21} 的增大，零售商 2 的组织公平效用提高。公平关切的零售商倾向于降低对方的转运价格，提高自己的转运价格。

表 2.4 中，非对称公平关切下，当转运价格 $c_{12}=c_{21}=8$ 时，零售商 1 利润为 213.972，零售商 2 组织公平效用为 0.856，总利润为 429.228。当转运价格 $c_{12}=8$，$c_{21}=7$ 时，零售商 1 利润为 215.634，总利润为 430.665，零售商 2 组织公平效用为-0.402。当转运价格 $c_{12}=7$、$c_{21}=8$ 时，零售商 1 利润为 213.960，总利润为 430.473，零售商 2 组织公平效用为 1.702。通过比较可以发现，无论如何改变双方的转运价格，转运对理性决策的零售商 1 来说总是有益的，零售商 1 愿意采取库存转运。零售商 2 通过提高自己的转运价格，公平关切效用由负变正，零

售商 2 也愿意合作，愿意采取库存转运策略。零售商 2 降低对方转运价格时，虽然自己的公平效用下降，但是可以提高合作团队的总绩效。

表 2.4 情境 NF 中转运价格对订单量及利润的影响

c_{12}	c_{21}	$\hat{\lambda}_2$	Q_1	Q_2	Q	π_1	π_2	π	f_2
7	7	0.400	78.667	81.102	159.769	215.424	216.125	431.549	0.467
8	7	0.400	78.033	84.011	162.044	215.634	215.031	430.665	-0.402
9	7	0.400	77.494	86.197	163.691	215.682	214.244	429.927	-0.959
7	8	0.400	81.367	81.124	162.490	213.960	216.513	430.473	1.702
8	8	0.400	80.931	84.177	165.108	213.972	215.256	429.228	0.856
9	8	0.400	80.558	86.449	167.007	213.859	214.346	428.204	0.325
7	9	0.400	83.578	81.028	164.606	212.862	216.620	429.482	2.505
8	9	0.400	83.294	84.205	167.499	212.728	215.196	427.923	1.645
9	9	0.400	83.044	86.554	169.598	212.496	214.160	426.655	1.109

表 2.5 和表 2.6 分别是公平关切系数相同和不同时，情境 FF 中订单量及利润对公平关切系数的敏感性分析。转运价格相同，$c_{12}=c_{21}=8$。可以看出，无论公平关切系数相同与否，随着 $\hat{\lambda}'_1$，$\hat{\lambda}'_2$ 的增大，总订单量增加，总利润下降。当两个零售商采取库存转运策略进行合作时，两个零售商关注公平对个体竞争优势的追求，降低了合作团队与合作成员的绩效，影响库存转运的实施效果。

表 2.5 情境 FF 中公平关切系数对订单量及利润的影响（公平关切系数相同）

c_{12}	c_{21}	$\hat{\lambda}'_1$，$\hat{\lambda}'_2$	Q_1	Q_2	Q	π_1，π_2	π	f_1，f_2
8	8	0.000	81.576	81.576	163.153	215.089	430.177	0.000
8	8	0.200	82.724	82.724	165.448	214.526	429.052	0.000
8	8	0.400	83.830	83.830	167.660	213.915	427.830	0.000

续表

c_{12}	c_{21}	$\hat{\lambda}'_1$，$\hat{\lambda}'_2$	Q_1	Q_2	Q	π_1，π_2	π	f_1，f_2
8	8	0.600	84.881	84.881	169.761	213.276	426.552	0.000
8	8	0.800	85.867	85.867	171.734	212.627	425.255	0.000

表 2.6　情境 *FF* 中公平关切系数对订单量及利润的影响（公平关切系数不同）

c_{12}	c_{21}	$\hat{\lambda}'_1$	$\hat{\lambda}'_2$	Q_1	Q_2	Q	π_1	π_2	π	f_1	f_2
8	8	0.400	0.000	84.177	80.931	165.108	215.256	213.972	429.228	0.856	0.000
8	8	0.400	0.200	83.987	82.502	166.489	214.499	213.994	428.493	0.337	−0.126
8	8	0.400	0.400	83.830	83.830	167.660	213.915	213.915	427.830	0.000	0.000
8	8	0.400	0.600	83.699	84.962	168.661	213.457	213.778	427.235	−0.213	1.281

表 2.7 和表 2.8 分别是在公平关切系数相同和不同时，情境 *FF* 中订单量及利润对转运价格的敏感性分析。可以看出，表 2.7 中 $\hat{\lambda}'_1=\hat{\lambda}'_2=0.400$，表 2.8 中 $\hat{\lambda}'_1=0.400$，$\hat{\lambda}'_2=0.200$，当 c_{12}，$c_{21}\in\{7，8，9\}$ 时，随着 c_{ij} 的增大，总订单量增加，总利润下降。随着 c_{ij} 的增大，零售商 i 的组织公平效用提高，零售商 j 的组织公平效用下降。零售商倾向于降低对方的转运价格，提高自己的转运价格。

表 2.7　情境 *FF* 中转运价格对订单量及利润的影响（公平关切系数相同）

c_{12}	c_{21}	$\hat{\lambda}'_1$，$\hat{\lambda}'_2$	Q_1	Q_2	Q	π_1	π_2	π	f_1	f_2
7	7	0.400	80.775	80.775	161.550	215.435	215.435	430.871	0.000	0.000
8	7	0.400	80.636	83.798	164.434	215.566	214.002	429.567	1.042	−1.043
9	7	0.400	80.435	86.086	166.521	215.536	212.940	428.476	1.731	−1.731
7	8	0.400	83.798	80.636	164.434	214.002	215.566	429.567	−1.043	1.042
8	8	0.400	83.830	83.830	167.660	213.915	213.915	427.830	0.000	0.000
9	8	0.400	83.772	86.224	169.996	213.707	212.695	426.403	0.675	−0.674
7	9	0.400	86.086	80.435	166.521	212.940	215.536	428.476	−1.731	1.731

续表

c_{12}	c_{21}	$\hat{\lambda}'_1$, $\hat{\lambda}'_2$	Q_1	Q_2	Q	π_1	π_2	π	f_1	f_2
8	9	0.400	86.224	83.772	169.996	212.695	213.707	426.403	-0.674	0.675
9	9	0.400	86.253	86.253	172.506	212.361	212.361	424.723	0.000	0.000

表 2.8　情境 *FF* 中转运价格对订单量及利润的影响（公平关切系数不同）

c_{12}	c_{21}	$\hat{\lambda}'_1$	$\hat{\lambda}'_2$	Q_1	Q_2	Q	π_1	π_2	π	f_1	f_2
7	7	0.400	0.200	80.928	79.790	160.718	215.745	215.455	431.200	0.194	-0.073
8	7	0.400	0.200	80.858	82.687	163.545	215.977	214.019	429.996	1.305	-0.490
9	7	0.400	0.200	80.699	84.960	165.659	215.993	212.948	428.941	2.030	-0.761
7	8	0.400	0.200	83.898	79.415	163.313	214.467	215.636	430.103	-0.779	0.292
8	8	0.400	0.200	83.987	82.502	166.489	214.499	213.994	428.493	0.337	-0.126
9	8	0.400	0.200	83.962	84.906	168.868	214.338	212.771	427.109	1.044	-0.392
7	9	0.400	0.200	86.137	79.053	165.190	213.531	215.655	429.186	-1.416	0.531
8	9	0.400	0.200	86.324	82.299	168.623	213.415	213.843	427.258	-0.284	0.107
9	9	0.400	0.200	86.383	84.811	171.194	213.123	212.496	425.619	0.418	-0.157

通过情境 *FF* 中四个表可以看出，对称公平关切下，两个零售商完全对称时，两个零售商的组织公平效用都为 0.000，认为组织公平，愿意进行合作。

表 2.5 中，在完全理性决策下，当转运价格 $c_{12}=c_{21}=8$ 时，两个零售商利润均为 215.089，总利润为 430.177。表 2.7 中，对称公平关切下，当转运价格 $c_{12}=c_{21}=8$ 时，两个零售商利润均为 213.915，总利润为 427.830。通过比较可以看出，对称公平关切下的合作团队与完全理性决策相比较，总订单量增加，总利润下降，合作团队绩效下降。

与转运价格 $c_{12}=c_{21}=7$ 时的两个零售商利润 215.435 与总利润 430.871 比较可以发现，当两个零售商关注公平追求个体竞争优势时，通过降低双方转运价格，可以提高合作团队的总绩效。

对上述所有不同条件下零售商的均衡订单量求解边际平均利润比较式发现，两个零售商的边际平均利润比较式都小于零，即两个零售商做订购决策时都倾向于实施转运，这个可以解释为，公平关切下，零售商面对不确定的需求做订购决策时，零售商会倾向实施转运并通过控制转运量掌握更多主动权。

通过以上数值分析可以看出，当零售商面临的批发价外生时，上游供应商出于对订单量的考虑，更倾向于两零售商在非对称公平关切和对称公平关切下的合作，零售商出于利润的考虑更倾向于在完全理性决策下的合作。与完全理性决策相比较，非对称和对称公平关切下的系统总利润下降，合作团队绩效下降。对称公平关切下，合作团队绩效最低。

2.5 本章小结

采取库存转运策略既能增加企业自身收益，又能增强供应链弹性，从而更好地应对供应链风险或不确定性。然而是否采取库存转运去应对供应链风险，有时是分销商或零售商个体的意愿。从整个供应链的持续运营来看，希望分销商或零售商可以将库存转运策略作为一种常态化机制，使同层级企业自发践行。本章引入公平关切，研究两个零售商相互转运时的最优订购决策，通过数值算例，进行订单量及相关利润和效用对公平关切系数和转运价格的敏感性分析，得出零售商愿意自发采取库存转运策略的条件。

通过研究发现：两种情境下，两个零售商的订单量均存在纳什均衡解。当零售商面对不确定的需求做出订购决策时，零售商倾向于通过控制转运数量来实施转运并获得更多的主动权。结合理论分析和数值算例，给出零售商愿意自发采取库存转运策略的条件：非对称公平下，公平中性的零售商总是受益于库存转运，愿意自发地采取库存转运策略。公平关切的零售商通过提高自己的转运价格，也愿意自发地采取库存转运策略进行合作。在保证愿意采取库存转运进行合作的前提下，如果零售商公平关切损害了合作团队的绩效，可以通过降低公平中性零售商的转运价格来进行弥补。对称公平关切下，只有两个零售商完全对称时，才愿意自发地采取库存转运策略。如果两个零售商公平关切损害了合作成员与合作团队的总绩效，可以通过降低双方转运价格进行弥补。与完全理性决策相比较，非对称和对称公平关切下的合作团队绩效下降。对称公平关切下，合作团队绩效最低。

本章的主要贡献包括以下几个方面：

（1）将组织公平理论引入两个零售商进行库存转运的问题中，拓展了组织公平理论的研究领域和范围。

（2）以往关于库存转运的研究，都侧重于采用库存转运时的最优订购决策，以及如何分配通过转运获得的额外利润，很少考虑零售商自发采取库存转运策略的意愿。

（3）目前关于库存转运的理论研究，大多是基于经济主体完全理性的假设，很少从行为的角度进行研究。

然而本章依然存在以下局限。首先，在面临缺货时，本章仅考虑两个零售商的转运行为，而不考虑消费者转移行为。事实上，当一个零售商面临缺货时，一些客户可能会转向其他零售商。其次，本章未考虑多个零售商转运的情形。同一区域的市场上，往往存在多个零售商。这些问题有待进一步开展研究。

3 考虑公平关切的供应链订购决策与协调研究

3.1 问题的提出

当分销商或零售商之间采取库存转运策略时，转运价格是影响供应链成员利润的重要因素，同时也决定了供应链成员是否可以受益于库存转运策略。一汽大众、本田、福特、通用、卡特彼勒、IBM、John、Deere 等跨国公司很早便建立了分销商的库存转运计划。许多银行启动供应链金融系统，像中国工商银行、平安保险和中信银行等，允许供应商实时看到零售商的库存信息，鼓励零售商参与转运优化供应链利润。中国最大的动画杂志出版商漫友文化有限公司，每年通过350 家分布在各地的批发商销售 4000 多万册图书和期刊，对负责销售、营销和广告的副总裁的私下采访表明，十多年来，漫友一直在为批发商之间的转运提供便利。另外一些品牌制造商像娃哈哈、青岛啤酒却明确规定零售商之间不得进行库存转运。

在众多导致供应链渠道效率低下的原因中，零售商公平关切是迄今为止对供应商最有影响的行为因素，决定了公司的长期定位以及与上游供应商的关系质量。2009 年，国际煤炭订货会上，煤炭公司价格上涨，使华能、中电投、大唐、华电、国电五大发电集团感到极度不满，最终因价格问题宣告谈判破裂。2011 年，零售商巨头家乐福在年度采购合同中关于价格、返点利润等相关条款表现强硬，严重剥夺了上游供应商的利润，并先后与康师傅和中粮集团发生矛盾，使合作关系趋于破裂。去哪儿网为了降低平台收费标准，向上游供应商收取更高的广告费用。这些因不公平因素影响供应链成员合作的行为，严重损害了供应链利润，甚至导致合作关系破裂。

分销商或零售商采取库存转运策略，可以减少库存成本，共担库存风险。从整个供应链的持续运营来看，希望采取库存转运策略的分销商或零售商，与上游企业长期协作，这样既能增加企业自身收益，又能增强供应链弹性，更好应对供应链风险或不确定性。从某种意义上说，公平关切是零售商基于竞争意识的行为，表现为在群体中追求个体竞争优势，厌恶劣势不公平。库存转运和公平关切对订购决策、供应链成员的相关利润都有影响。现有的关于公平关切的研究中，未考虑零售商之间采取库存转运策略的情况。目前，学术界对供应链环境下转运问题的相关研究，大多都假设零售商理性决策，没有考虑公平关切等行为因素。因此，本章在零售商采取库存转运策略共担风险时，考虑公平关切对供应链订购决策与协调的影响。

像娃哈哈、青岛啤酒这些产品接近于完全竞争市场，批发价完全由市场竞争决定，制造商是价格接受者，即“批发价外生”。像汽车、机械设备这些产品属于垄断竞争市场，大型制造商在供应链中扮演极其重要的角色，往往对批发价拥有直接的定价权，即“批发价内生”。Dong 和 Rudi（2004）、邵婧（2016）指出，当制造商是价格接受者和价格制定者时，库存转运对制造商和零售商利润的影响存在较大的差异。Dong 和 Rudi（2004）、Shao 等（2011）指出，当零售商采取库存转运策略时，批发价格和转运价格是影响供应链成员利润及供应链协调的重要因素。Dong 和 Rudi（2004）发现独立且全同的零售商之间采取库存转运时，使零售商对上游制造商设定的批发价格较不敏感，于是制造商设定高的批发价格可以获取更多的收益。Shao 等（2011）指出，转运价格的设定决定了供应链中成员是否可以受益于库存转运策略，考虑到自身利润最大化，制造商偏向于高的转运价格，零售商反而偏向于低的转运价格。

于是，在批发价外生和批发价内生两种情形下，我们将问题进行细化：①公平关切下，相互转运的零售商如何做出订购决策，制造商如何做出定价决策？②公平关切下，库存转运是否能实现供应链的协调？

为了回答上述问题，我们在批发价外生和内生两种不同的情境下，引入参考依赖来描述零售商的公平关切效用函数，对一个上游制造商和相互转运的两对称零售商组成的供应链系统进行建模。在批发价外生时，研究对称公平关切下零售商的最优订单量，给出纳什均衡解存在的条件，并在此条件下，通过分析公平关切和转运价格对零售商订单量和供应链成员利润的影响，研究供应链协调问题。在批发价内生时，假设需求服从均匀分布，研究对称公平关切下零售商的最优订单量，通过分析公平关切对零售商订单量、批发价格和供应链成员利润的影响，研究供应链协调问题。在批发价外生和内生两种不同的情境下，通过数值算例，进行订单量、供应链成员的利润和效用对公平关切系数和转运价格的敏感性分析，并得出一些有价值的管理启示。

本章剩余部分结构安排如下：第 3.2 节给出了建模时采用的符号说明与基本假设；第 3.3 节中，在完全理性决策下，对一个上游制造商和相互转运的两个对称零售商组成的供应链系统进行建模；第 3.4 节中，在批发价外生时，研究公平关切和转运价格对零售商订单量和供应链成员利润的影响，以及供应链协调问题；第 3.5 节中，在批发价内生时，研究公平关切对零售商订单量、批发价格和供应链成员利润的影响，以及供应链协调问题；第 3.6 节通过算例分析，在批发价外生和内生两种不同的情境下，研究了供应链协调的有效性；第 3.7 节对本章主要研究结论、贡献以及研究局限进行总结。

3.2 符号说明与基本假设

在单周期且不考虑补货的情况下，一个制造商销售产品给两个对称的零售商（i，$j=1$，2，$i\neq j$）。每单位产品的生产成本为 c，上游制造商销售产品的批发价为 w，两个零售商根据市场需求（D_1，D_2）决定订购量（Q_1，Q_2），零售商总订单量为 $Q=Q_1+Q_2$。为了提高自身的利润和对顾客的服务水平，两个零售商之间进行库存转运。零售商转运量 T_{ij}、零售商 i 实际的销售量 R_i、转运后多余的库存量 V_i 以及未满足的需求 Z_i 的具体表达式与第 2.2 节中的设定相同。

由于两个零售商对称，每单位产品的销售价格为 r 且 $r>c$，进行转运后每单位剩余库存的残值为 s 且 $s<c$，每单位未满足需求的缺货成本为 p 且 $p\geqslant 0$。为简便分析，本章定义 $v=r+p$ 为零售商 i 销售单位产品所得到的边际价值。

假设转运价格独立于两个零售商的需求和库存，不随需求实现后多余库存或缺货数量的变化而变化。ρ 为两个零售商进行转运时的转运价格且 $\rho\leqslant v$，τ 为相应的转运成本，转运每单位产品的利润为 $\rho-\tau$ 且 $\rho-\tau\geqslant s$。转运价格的取值范围为 $s+\tau\leqslant\rho\leqslant v$，保证零售商的转运行为是对其有益的。

两个零售商之间采取库存转运策略时，有多个不同的需求情形，相应的需求区域描述、相应的概率函数表示以及转运情况，具体表达式与表 2.1 设定相同。

3.3 模型构建

当零售商 i 公平中性时，通过自身利润最大化来确定最优订购量。零售商 i 的利润为：

$$\pi_i = E(rR_i + (\rho - \tau) T_{ij} - \rho T_{ji} + sV_i - pZ_i) - wQ_i,\ i,\ j = 1,\ 2 \tag{3.1}$$

上游制造商的利润函数为：

$$\pi_m = \pi_{m_1} + \pi_{m_2} = (w - c) Q_1 + (w - c) Q_2 \tag{3.2}$$

其中，$\pi_{m_i} = (w - c) Q_i$ 是制造商通过零售商 i 的渠道销售产品所获取的渠道利润。两个零售商的总利润为$\pi^c = \pi_i + \pi_j$，i，$j = 1$，2。

第 2 章中只考虑了两个零售商组成的系统，当两个零售商都具有公平关切行为时，只有两个零售商对称，两个零售商才可以进行自发的库存转运。这里我们研究一个上游制造商和两个对称零售商组成的供应链系统，只考虑零售商对制造商的纵向公平关切，不考虑零售商之间横向的公平关切。

两个对称零售商在采取库存转运策略时，决策订购量有两种情境。由于零售商的异质性，零售商可以是公平中性，也可以是公平关切。两个零售商有两种决策组合：完全理性决策和对称公平关切。

3.4 批发价外生

当零售商 i 公平关切时，我们采用与第 2 章中类似的方法来刻画零售商的效用函数。零售商 i 的效用函数为 $U_i = \pi_i + f_i$，其中 f_i 是由于零售商纵向公平关切产生的组织公平效用，通过引入参考依赖来描述零售商的组织公平效用函数。这里以对方利润作为己方利润的参考点，采用简化的公平效用函数。为简便计算，假设决策者面对同等利润和损失时的敏感程度一样。引入参数 δ_i 作为公平关切系数，$\delta_i \geqslant 0$。于是零售商的组织公平效用函数为：

$$f_i = -\delta_i (\pi_{m_i} - \pi_i) \tag{3.3}$$

零售商 i 效用函数的一阶条件为：

$$\alpha_i - \frac{\rho - \tau - s}{v - s} \beta_i + \frac{v - \rho}{v - s} \gamma_i = \frac{v - w}{v - s} - \hat{\delta}_i\ \frac{(w - c)}{v - s} \tag{3.4}$$

引理 3.1：对称公平关切下，只要转运价格满足 $\rho\in[s+\tau,\ v]$，则存在唯一的纳什均衡。由两式联立方程组，可得最优订单量为 $(Q_1,\ Q_2)$（见附录 2）。

3.4.1 公平关切对订单量和利润的影响

本章主要研究批发价外生下，公平关切系数对两个零售商的订单量和利润的影响。由式(3.4)可求得隐函数方程组为：

$$F(\hat{\delta}_i,\ \hat{\delta}_j,\ Q_i,\ Q_j)=(v-s)\alpha_i-(\rho-\tau-s)\beta_i+(v-\rho)\gamma_i-[(v-w)-\hat{\delta}_i(w-c)] \tag{3.5}$$

$$G(\hat{\delta}_i,\ \hat{\delta}_j,\ Q_i,\ Q_j)=(v-s)\alpha_j-(\rho-s-\tau)\beta_j+(v-\rho)\gamma_j-[(v-w)-\hat{\delta}_j(w-c)] \tag{3.6}$$

采用隐函数定理分别求解公平关切系数对订单量的影响为：

$$\frac{\partial Q_i}{\partial\hat{\delta}_i}=-\frac{1}{J''}\times(w-c)[(v-s)a_j-(\rho-s-\tau)(b_{ji}^2-b_{ji}^1)-(v-\rho)(g_{ji}^2-g_{ji}^1)] \tag{3.7}$$

$$\frac{\partial Q_j}{\partial\hat{\delta}_i}=\frac{1}{J''}[(v-\rho)g_{ji}^1+(\rho-\tau-s)b_{ji}^1]\times(w-c) \tag{3.8}$$

$$\frac{\partial(Q_i+Q_j)}{\partial\hat{\delta}_i}=-\frac{1}{J''}\times(w-c)[(v-s)a_j-(\rho-s-\tau)b_{ji}^2-(v_j-\rho)g_{ji}^2] \tag{3.9}$$

其中，概率密度函数 a_i 和边际概率密度函数 b_{ij}^1，b_{ij}^2，g_{ij}^1，g_{ij}^2 的具体表达式，i，$j=1$，2，与第 2.3 节中设定相同。雅克比行列式为：

$$\begin{aligned}J''=&[(v-s)a_i-(v-\rho)(g_{ij}^2-g_{ij}^1)-(\rho-\tau-s)(b_{ij}^2-b_{ij}^1)]\times\\&[(v-s)a_j-(v-\rho)(g_{ji}^2-g_{ji}^1)-(\rho-s-\tau)(b_{ji}^2-b_{ji}^1)]-\\&[(v-\rho)g_{ij}^1+(\rho-\tau-s)b_{ij}^1]\times[(\rho-s-\tau)b_{ji}^1+(v-\rho)g_{ji}^1]\end{aligned} \tag{3.10}$$

结合引理 3.1 的证明过程，可得 $J''>0$。

命题 3.1：对称公平关切下，总订单量随两个公平关切系数的变化趋势相同，两个零售商对公平越关注，总订单量越小。

证明：结合引理 3.1 的证明过程得出，对称公平关切下，公平关切系数对订单量的影响为 $\frac{\partial Q_i}{\partial\hat{\delta}_i}<0$，$\frac{\partial Q_j}{\partial\hat{\delta}_i}>0$，$\frac{\partial(Q_i+Q_j)}{\partial\hat{\delta}_i}<0$；$\frac{\partial Q_i}{\partial\hat{\delta}_j}>0$，$\frac{\partial Q_j}{\partial\hat{\delta}_j}<0$，$\frac{\partial(Q_i+Q_j)}{\partial\hat{\delta}_j}<0$。证毕。

命题 3.1 表明，对称公平关切下，订单量的变化同时受 δ_i，δ_j 的影响。当两个零售商都公平关切时，两个零售商的公平关切系数对订单量的影响叠加在一起，这两种影响相互增强或相互抵消。

批发价外生时，订购量是零售商可以约束制造商利润的唯一参数。当零售商关注公平追求个体竞争优势时，试图通过减少制造商的销售量（也就是零售商的订单量）来减少制造商的利润。零售商 1 和零售商 2 的订单量与同一公平关切系数的变化趋势相反，是因为两个零售商的订单量在满足顾客需求时是替代关系。零售商的订单数量受到自身公平关切的强烈影响，而另一方的订单数量受其影响较小。

批发价外生下，制造商的利润随公平关切系数的变化与总订单量随公平关切系数的变化一致。结合命题 3.1 的结论，对称公平关切下，两个零售商对公平越关注，总订单量越小，制造商的利润也越小。由此可得推论 3.1。

推论 3.1：对称公平关切下，制造商的利润随公平关切系数的增大而减小。

采用隐函数定理求解公平关切系数对零售商利润的影响为：

$$\frac{\mathrm{d}\,\pi_i}{\mathrm{d}\hat{\delta}_i}=-\frac{1}{J''}\times\hat{\delta}_i(w-c)^2\times[(v-s)a_j-(\rho-s-\tau)(b_{ji}^2-b_{ji}^1)-(v-\rho)(g_{ji}^2-g_{ji}^1)]+$$
$$\frac{1}{J''}\times(w-c)\times[(v-\rho)\beta_j-(\rho-s-\tau)\gamma_j]\times[(v-\rho)g_{ji}^1+(\rho-\tau-s)b_{ji}^1] \tag{3.11}$$

$$\frac{\mathrm{d}\,\pi_j}{\mathrm{d}\hat{\delta}_i}=\frac{1}{J''}\times\hat{\delta}_j(w-c)^2[(v-\rho)g_{ji}^1+(\rho-\tau-s)b_{ji}^1]-\frac{1}{J''}\times(w-c)\times[(v-\rho)\beta_i-$$
$$(\rho-s-\tau)\gamma_i]\times[(v-s)a_j-(\rho-s-\tau)(b_{ji}^2-b_{ji}^1)-(v-\rho)(g_{ji}^2-g_{ji}^1)] \tag{3.12}$$

命题 3.2：两个零售商完全对称时，两个零售商的个体利润及总利润都随公平关切系数的增大而减小。

证明：两个零售商完全对称时，两个零售商的订单量和利润也完全对称，通过式(3.11)和式(3.12)可求得总利润随公平关切系数的变化为：

$$\frac{\mathrm{d}\,\pi^c}{\mathrm{d}\hat{\delta}}=-\frac{1}{J''}\times\hat{\delta}(w-c)^2\times[(v_j-s_j)a_j-(c_{ji}-s_j-\tau_{ji})b_{ji}^2-(v_j-c_{ij})g_{ji}^2]-\frac{1}{J''}\times(w-c)\times$$

$$[(v_j-c_{ij})\beta_i-(c_{ji}-s_j-\tau_{ji})\gamma_i]\times[(v_j-s_j)a_j-(c_{ji}-s_j-\tau_{ji})b_{ji}^2-(v_j-c_{ij})g_{ji}^2] \tag{3.13}$$

结合命题3.1中公平关切系数对订单量的影响，可判断$\frac{\mathrm{d}\,\pi^c}{\mathrm{d}\hat{\delta}}<0$，由于两个零售商完全对称，两个零售商个体的利润也随公平关切系数的增大而减小。证毕。

命题3.2表明，两个零售商完全对称时，两个零售商为了追求个体竞争优势，提高自己的公平关切效用，都通过减少零售商的订单量使制造商利润下降，但订单量的减少使零售商的利润也下降，总利润下降。两个零售商完全对称时，零售商的公平关切使整个供应链系统中所有成员的绩效都下降。

3.4.2 供应链协调

采用隐函数定理分别求解转运价格对订单量的影响为：

$$\frac{\partial Q_1}{\partial \rho}=-\frac{1}{J''}\begin{bmatrix}(\beta_2+\gamma_2)[(\rho-s-\tau)b_{12}^1+(v-\rho)g_{12}^1]-(\beta_1+\gamma_1)\\ [(v-s)a_2+(\rho-s-\tau)(b_{21}^1-b_{21}^2)+(v-\rho)(g_{21}^1-g_{21}^2)]\end{bmatrix} \tag{3.14}$$

$$\frac{\partial Q_2}{\partial \rho}=-\frac{1}{J''}\begin{bmatrix}(\beta_1+\gamma_1)[(\rho-s-\tau)b_{21}^1+(v-\rho)g_{21}^1]-(\beta_2+\gamma_2)\\ [(v-s)a_1+(\rho-s-\tau)(b_{12}^1-b_{12}^2)+(v-\rho)(g_{12}^1-g_{12}^2)]\end{bmatrix} \tag{3.15}$$

$$\frac{\partial Q}{\partial \rho}=\frac{1}{J''}\begin{bmatrix}(\beta_1+\gamma_1)[(v-s)a_2-(\rho-s-\tau)b_{21}^2-(v-\rho)g_{21}^2]+\\ (\beta_2+\gamma_2)[(v-s)a_1-(\rho-s-\tau)b_{12}^2-(v-\rho)g_{12}^2]\end{bmatrix} \tag{3.16}$$

结合引理3.1的证明过程，可判断转运价格对总订单量的影响，得出命题3.3。

命题3.3：对称公平关切下，总订单量随转运价格的增加而增加，$\frac{\partial Q}{\partial \rho}>0$。

命题3.3表明，当转运价格增加时，若一个零售商缺货，自身接受转运需要花费更大的成本，向另一个零售商实施转运可以获得更多的利润，以上两种情况都会促使零售商增加订单量，于是总订单量增加。随着转运价格的提升，总订单量增加，双重边际效应得到缓解。

命题 3.4：对称公平关切下，当批发价外生时，存在协调转运价格，可以实现供应链协调，且对称公平关切下的协调转运价格大于完全理性决策时的协调转运价格。

证明：完全理性决策下，当两个公平中性的零售商和上游供应商为一个母公司所有，位于不同地区的两个零售商通过库存转运来共担风险，我们称为内部转运。母公司选择库存水平(Q_1，Q_2)以应对市场随机需求。供应链的总利润为：

$$\Pi=E(r(R_1+R_2)-\tau(T_{ij}+T_{ji})+s(V_1+V_2)-p(Z_1+Z_2))-c(Q_1+Q_2) \tag{3.17}$$

Robinson(1990)指出Π是(Q_1，Q_2)连续可微的凹函数。因此，最优订单量(Q_1^c，Q_2^c)满足一阶条件。求得集中式决策下，零售商利润函数的一阶条件分别为：

$$\alpha_1-\frac{v-s-\tau}{v-s}\beta_1+\frac{v-s-\tau}{v-s}\gamma_1=\frac{v-c}{v-s} \tag{3.18}$$

$$\alpha_2-\frac{v-s-\tau}{v-s}\beta_2+\frac{v-s-\tau}{v-s}\gamma_2=\frac{v-c}{v-s} \tag{3.19}$$

当两个公平中性的零售商分散式决策时，零售商 i 利润函数的一阶条件为：

$$\alpha_i-\frac{\rho-\tau-s}{v-s}\beta_i+\frac{v-\rho}{v-s}\gamma_i=\frac{v-c}{v-s},\ i,\ j=1,\ 2 \tag{3.20}$$

Hu(2007)指出，当两个相互转运的零售商为对称零售商时，存在唯一的转运价格τ^c，使两个分散式零售商均达到集中式决策下的利润。为了实现协调，就要使分散式决策下的订单量与集中式决策下的最优订单量分别相等，即同时满足$Q_1=Q_1^c$，$Q_2=Q_2^c$。最优转运价格通过联立式(3.18)与式(3.20)以及联立式(3.19)与式(3.20)可得。最优转运价格为：

$$\rho^c=\frac{(s+\tau)\gamma_1(Q_1^c,\ Q_2^c)+\upsilon\beta_1(Q_1^c,\ Q_2^c)}{\beta_1(Q_1^c,\ Q_2^c)+\gamma_1(Q_1^c,\ Q_2^c)}=\frac{(s+\tau)\gamma_2(Q_1^c,\ Q_2^c)+\upsilon\beta_2(Q_1^c,\ Q_2^c)}{\beta_2(Q_1^c,\ Q_2^c)+\gamma_2(Q_1^c,\ Q_2^c)}\tag{3.21}$$

对称公平关切下，为了实现协调，就要使分散式决策下的订单量与集中式决策下的最优订单量相等。最优转运价格通过联立式(3.4)与式(3.18)以及联立式(3.4)与式(3.19)可得。协调转运价格为：

$$\begin{aligned}\rho^{c'}&=\frac{(s+\tau)\gamma_1(Q_1^c,\ Q_2^c)+\upsilon\beta_1(Q_1^c,\ Q_2^c)+(1+\hat{\delta}_1)(w-c)}{\beta_1(Q_1^c,\ Q_2^c)+\gamma_1(Q_1^c,\ Q_2^c)}\\&=\frac{(s+\tau)\gamma_2(Q_1^c,\ Q_2^c)+\upsilon\beta_2(Q_1^c,\ Q_2^c)+(1+\hat{\delta}_2)(w-c)}{\beta_2(Q_1^c,\ Q_2^c)+\gamma_2(Q_1^c,\ Q_2^c)}\end{aligned}\tag{3.22}$$

发现对称公平关切下，存在实现供应链协调时的最优转运价格 $\rho^{c'}$，且 $\rho^{c'}>\rho^c$。证毕。

命题 3.4 表明，对称公平关切下，通过调整库存转运价格可以实现供应链的协调。与完全理性决策相比，对称公平关切下的协调转运价格变大。由于零售商的公平关切，导致订单量减少。要实现对称公平关切下零售商的订单量与集中式决策下的最优订单量相同，转运价格必须大幅提升。由于数理模型无法明确给出制造商和零售商的订单量和利润，将在第 3.6 节通过算例分析，结合转运价格的取值范围，对供应链协调的有效性进行分析。

3.5 批发价内生

批发价内生时，上述模型的主体为两层级斯塔克伯格博弈，第二层级的零售商之间又进行非合作静态博弈。首先求解第二层级零售商非合作静态博弈的纳什均衡，采用逆向归纳法求解第一层级斯塔克伯格博弈模型。

批发价内生时，为了更加清楚地分析公平关切和转运价格对订购量和供应链上各成员利润和效用的影响，我们在接下来的分析中，假设零售商 1 和零售商 2 的需求相互独立，均服从均匀分布 $D_i \sim U[0, \xi]$，$\xi \in R^+$。由于我们考虑的是对称的分销系统，为简便计算，我们不失一般性地假设 $s=0$，$p=0$，$\tau=0$，$\delta_1=\delta_2=\delta$。

当零售商完全理性决策时，对零售商利润函数求一阶条件，联立求解，可得零售商的最优订单量为：

$$Q_1=Q_2=\begin{cases}\xi\dfrac{(\rho-\upsilon+\sqrt{\rho^2+2\rho\upsilon+3\upsilon^2-2w(2\rho+\upsilon)})}{2\rho+\upsilon} & CF_R\leqslant\dfrac{3+2CT_R}{8}\\ \xi\dfrac{(\rho-3\upsilon+\sqrt{-4w\rho+\rho^2+6w\upsilon})}{2\rho-3\upsilon} & CF_R>\dfrac{3+2CT_R}{8}\end{cases} \tag{3.23}$$

其中，$CF_R\equiv\dfrac{\upsilon-w}{\upsilon}$，$CT_R\equiv\dfrac{\upsilon-\rho}{\upsilon}$。定义 CF_R 为零售商的临界分位点，并定义 CT_R 为零售商进行转运时的临界分位点。

代入制造商利润函数$\pi_s=(w-c)(Q_1+Q_2)=(w-c)Q(w)$中，求得最优批发价为：

$$w=\frac{2(2\upsilon+\rho)^2+3c(2\rho+\upsilon)-(\upsilon-\rho)\sqrt{2(5\upsilon^2+2\rho\upsilon+2\rho^2-3c\upsilon-6c\rho)}}{9(2\rho+\upsilon)} \tag{3.24}$$

其中，$\dfrac{5\upsilon^2+2\rho\upsilon+2\rho^2}{\upsilon+2\rho}\geqslant 3c$。由于批发价总满足式(3.23)中第一行条件，即 $CF_R\leqslant\dfrac{3+2CT_R}{8}$，所以当批发价内生时只用到式(3.23)中第一行公式。将批发价代入总订单量和利润函数，可得均衡状态下的总订单量和制造商利润分别为：

$$Q=\xi\frac{2(3\rho-3\upsilon+\sqrt{5\rho^2+2\rho\upsilon+11\upsilon^2-6c(2\rho+\upsilon)-2(\upsilon-\rho)\sqrt{2(5\upsilon^2+2\rho\upsilon+2\rho^2-3c\upsilon-6c\rho)}})}{3(2\rho+\upsilon)} \tag{3.25}$$

$$\pi_m=\xi\frac{2}{27(2\rho+\upsilon)^2}(2(2\upsilon+\rho)^2-6c(2\rho+\upsilon)-(\upsilon-\rho)\sqrt{2(5\upsilon^2+2\rho\upsilon+2\rho^2-3c\upsilon-6c\rho)})\times$$

$$(3\rho-3v+\sqrt{5\rho^2+2\rho v+11v^2-6c(2\rho+v)+(v-\rho)2\sqrt{2(5v^2+2\rho v+2\rho^2-3cv-6c\rho)}})$$

(3.26)

3.5.1 公平关切对订单量和利润的影响

对称公平关切下，对零售商效用函数求一阶条件，联立求解，可得零售商的最优订单量为：

$$Q_1=Q_2=\begin{cases}\dfrac{\xi(\rho-v+\sqrt{\rho^2+3v^2+2\rho v+2c\hat{\delta}(2\rho+v)-2w(1+\hat{\delta})(2\rho+v)})}{2\rho+v} & CF'_R\leqslant\dfrac{3+2CT'_R}{8}\\ \dfrac{\xi(\rho-3v+\sqrt{\rho^2+2c\hat{\delta}(2\rho-3v)-2w(2\rho-3v)(1+\hat{\delta})})}{2\rho-3v} & CF'_R>\dfrac{3+2CT'_R}{8}\end{cases}$$

(3.27)

其中，$CF'_R\equiv\dfrac{v-w(1+\hat{\delta})}{v}$，$CT'_R\equiv\dfrac{v-\rho-4\hat{\delta}}{v}$。定义 CF'_R 为对称公平关切下零售商的临界分位点，并定义 CT'_R 为对称公平关切下零售商进行转运时的临界分位点。

代入制造商利润函数$\pi_m=(w-c)(Q_1+Q_2)=(w-c)Q(w)$中，求得最优批发价为：

$$w'=\frac{2(2v+\rho)^2+(1+3\hat{\delta})3c(2\rho+v)-(v-\rho)\sqrt{2(5v^2+2\rho v+2\rho^2-3cv-6c\rho)}}{9(1+\hat{\delta})(2\rho+v)} \quad (3.28)$$

由于批发价总满足式(3.27)中第一行条件，即 $CF'_R\leqslant\dfrac{3+2CT'_R}{8}$，所以当批发价内生时只用到式(3.27)中第一行公式。将批发价代入总订单量和利润函数，可得均衡状态下的总订单量和制造商利润分别为：

$$Q'=\xi\frac{2(3\rho-3v+\sqrt{5\rho^2+2\rho v+11v^2-6c(2\rho+v)-2(v-\rho)\sqrt{2(5v^2+2\rho v+2\rho^2-3cv-6c\rho)}})}{3(2\rho+v)}$$

(3.29)

$$\pi'_m=\xi\frac{2}{27(1+\hat{\delta})(2\rho+v)^2}(2(2v+\rho)^2-6c(2\rho+v)-(v-\rho)\sqrt{2(5v^2+2\rho v+2\rho^2-3cv-6c\rho)})\times$$

$$(3\rho-3v+\sqrt{5\rho^2+2\rho v+11v^2-6c(2\rho+v)+2(v-\rho)\sqrt{2(5v^2+2\rho v+2\rho^2-3cv-6c\rho)}})$$

(3.30)

通过比较式(3.25)与式(3.29)，可得命题3.5。

命题3.5：对称公平关切下，当批发价内生时，订单量不受公平关切系数的影响。

命题3.5表明，在批发价内生的情况下，两个零售商关注与上游制造商之间的纵向公平关切，主要通过批发价来追求个体竞争优势关注公平。两个相互转运的零售商应对需求时，还是选择理性决策时的最优订单量。

命题3.6：对称公平关切下，当批发价内生时，批发价随着公平关切系数的增大而减小。

证明：最优批发价对公平关切系数求导可得：

$$\frac{\partial w'}{\partial\hat{\delta}}=\frac{(6c(2\rho+v)-2(2v+\rho)^2+(v-\rho)\sqrt{2(5v^2+2\rho v+2\rho^2-3cv-6c\rho)})}{9(1+\hat{\delta})^2(2\rho+v)} \quad (3.31)$$

结合式(3.25)可以得出$\frac{\partial w'}{\partial\hat{\delta}}<0$，即批发价随着公平关切系数的增大而减小。

命题3.6表明，在批发价内生的情况下，零售商应对市场需求时选择理性决策时的订购量，主要通过批发价来追求个体竞争优势，较低的批发价有利于零售商从上游制造商处攫取更多的利润。

命题3.7：对称公平关切下，当批发价内生时，制造商的利润随着公平关切系数的增大而减小。

证明：制造商利润对公平关切系数求导可得：

$$\frac{\partial\pi'_m}{\partial\hat{\delta}}=\xi\frac{2}{27(1+\hat{\delta})^2(2\rho+v)^2}(6c(2\rho+v)-2(2v+\rho)^2+(v-\rho)\sqrt{2(5v^2+2\rho v+2\rho^2-3cv-6c\rho)})\times$$

$$(3\rho-3v+\sqrt{5\rho^2+2\rho v+11v^2-6c(2\rho+v)+2(v-\rho)\sqrt{2(5v^2+2\rho v+2\rho^2-3cv-6c\rho)}}) \tag{3.32}$$

结合式(3.30)可以得出$\frac{\partial \pi'_m}{\partial \hat{\delta}}<0$，即制造商利润随着公平关切系数的增大而减小。

推论3.1和命题3.7表明，无论是批发价外生还是内生，零售商的公平关切都会使制造商的利润下降。不同的是，当批发价外生时，零售商通过订购量来提高公平关切效用，追求个体竞争优势。当批发价内生时，零售商主要通过批发价来提高公平关切效用，追求个体竞争优势。

3.5.2　供应链协调

邵婧（2016）指出，完全理性决策时，存在协调转运价格，可以实现供应链的协调。结合命题3.5“对称公平关切下，当批发价内生时，订单量不受公平关切系数的影响”可知，对称公平关切下，存在协调转运价格，可以实现供应链的协调，可以得出命题3.8。

命题3.8：对称公平关切下，当批发价内生时，可以实现供应链的协调，且对称公平关切下的协调转运价格等于完全理性决策时的协调转运价格。

命题3.8表明，当两个零售商都公平关切时，在批发价内生的情况下，公平关切不会影响供应链的协调转运价格，只会影响零售商的公平关切效用，以及供应链协调的有效性。由于数理模型无法明确给出制造商和零售商的订单量和利润，将在第3.6节通过算例分析，结合转运价格的取值范围，对供应链协调的有效性进行分析。

3.6 算例分析

由于数理模型无法明确给出制造商和零售商的订单量和利润，这里我们进一步采用数值算例分析。在批发价外生和内生两种情境下，通过分析公平关切系数和转运价格对订单量和利润的影响，研究供应链成员的转运决策以及供应链协调的有效性。

假设零售商 1 和零售商 2 的需求均服从均匀分布 $D_i \sim U[0,\ 100]$，$i=1,\ 2$。零售商的零售价格 $r=10$，零售商每单位剩余库存的残值 $s=0$，零售商每单位未满足需求的缺货成本 $p=0$，零售商每单位的进货成本 $c=5$，转运成本 $\tau=0$，转运价格范围满足 $0 \leqslant \rho \leqslant 10$。不失一般性地假设公平关切系数相同，$\hat{\delta}_1=\hat{\delta}_2=\hat{\delta}$。供应链总利润为 Π。

集中式决策下，最优订单量为 $Q_1^c=Q_2^c=50.000$。下面在批发价外生和批发价内生两种不同的情境下，分析供应链协调的有效性。

首先，在批发价外生的情况下，设定批发价为 $w=7$，研究公平关切系数和转运价格对订单量和利润的影响。在批发价外生的情况下，当零售商之间不进行库存转运时，公平关切零售商的订单量可以通过 $\alpha_i=\dfrac{v-w}{v-s}-\hat{\delta}\,\dfrac{w-c}{v-s}$ 求得。

表 3.1 和表 3.2 分别是批发价外生时，两个零售商之间无转运和有转运两种情况下，订单量及利润对公平关切系数的敏感性分析。通过观察表 3.1 和表 3.2 可以看出，无论零售商之间是否转运，随着 $\hat{\delta}$ 的增大，零售商的订单量下降，制造商和零售商的利润都下降，供应链总利润下降。这是由于批发价外生时，订购量是零售商可以约束制造商利润的唯一参数。无论零售商之间是否转运，公平关切的零售商都通过减少制造商的销售量来减少制造商的利润。

表 3.1 无转运时公平关切系数对订单量及利润的影响（批发价外生）

$\hat{\delta}$	Q_1，Q_2	Q	π_1，π_2	π_m	Π	f_1，f_2
0.000	30.000	60.000	45.000	120.000	210.000	0.000
0.200	26.000	52.000	44.200	104.000	192.400	−1.950
0.400	22.000	44.000	41.800	88.000	171.600	−1.467
0.600	18.000	36.000	37.800	72.000	147.600	2.700
0.800	16.000	32.000	35.200	64.000	134.400	12.800

表 3.2 有转运时公平关切系数对订单量及利润的影响（批发价外生）

ρ	$\hat{\delta}$	Q_1，Q_2	Q	π_1，π_2	π_m	Π	f_1，f_2
8	0.000	40.958	81.916	76.082	163.832	315.996	0.000
8	0.200	37.686	75.372	74.886	150.743	300.515	−0.121
8	0.400	34.158	68.316	70.604	136.634	277.842	1.525
8	0.600	30.305	60.610	62.174	121.220	245.568	2.346
8	0.800	26.014	52.028	47.905	104.055	199.865	−16.491

从图 3.1 中可以看出，两个零售商无转运时，随着公平关切系数的增大，制造商和零售商的利润都下降。制造商利润曲线和零售商利润曲线有一个交点，在交点右侧都有 $f_1=f_2\geqslant 0.000$，零售商觉得组织公平，愿意合作。当公平关切系数较小时，制造商利润大于零售商利润，零售商具有负的公平关切效用。当公平关切系数较大时，制造商利润小于零售商利润，零售商具有正的公平关切效用。无转运时，零售商关注公平，为获得组织中的个体竞争优势，牺牲了合作成员的绩效和团队绩效。

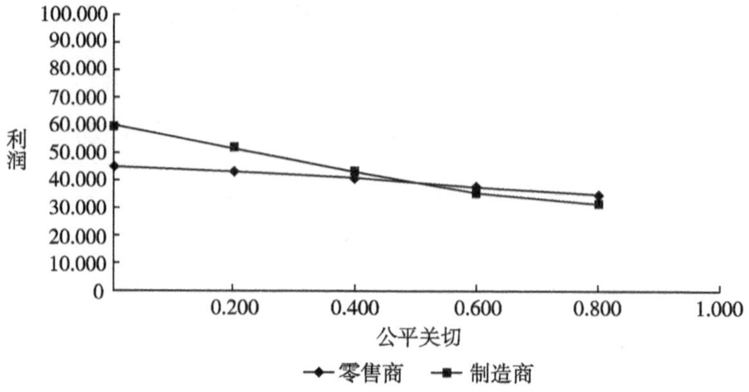

图 3.1　无转运时公平关切系数对利润的影响（批发价外生）

制造商追求利润，倾向于低的公平关切系数；零售商追求效用，倾向于高的公平关切系数。当制造商不考虑零售商的公平关切，在保证零售商愿意合作的范围内，交点处的供应链整体利润最大。当制造商考虑到零售商公平关切，愿意给予零售商一定的转移支付时，使双方利润都选择较低的公平关切系数，实现供应链利润的帕累托改进。

从图 3.2 中可以看出，随着公平关切系数的增加，制造商和零售商的利润都下降。制造商利润曲线和零售商利润曲线有两个交点。当公平关切程度较低和较高时，制造商利润大于零售商利润，零售商具有负的公平关切效用。当零售商公平关切系数位于中间区域（在一定的参数范围内）时，零售商有正的公平关切效用。

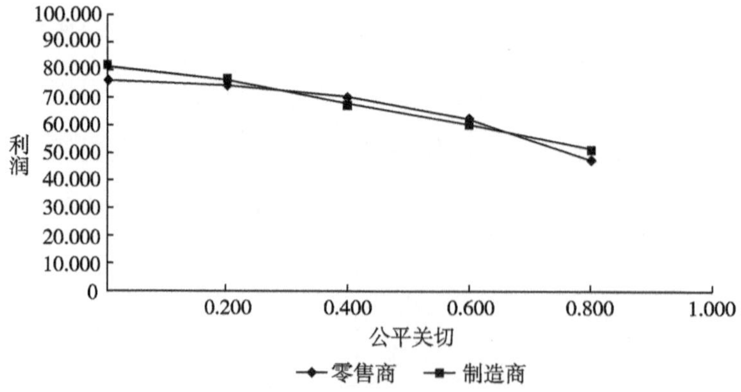

图 3.2　有转运时公平关切系数对利润的影响（批发价外生）

与图3.1相比，相同的是，零售商关注公平，追求组织中的个体竞争优势，会使得制造商和零售商的利润都下降，牺牲了合作成员绩效和团队绩效。不同的是，当零售商过分关注公平，一味地追求组织中的个体竞争优势时，会使零售商自身的公平关切效用也下降。

制造商追求利润，倾向于低的公平关切系数；零售商追求效用，倾向于公平关切系数位于两个交点中间的参数范围内。当制造商不考虑零售商的公平关切时，在保证零售商愿意合作的范围内，在公平关切系数较低的交点处的供应链整体利润最大。当制造商考虑到零售商公平关切，愿意给予零售商一定的转移支付时，使双方利润都选择较低的公平关切系数，实现供应链利润的帕累托改进。

表3.3为$\hat{\delta}=0.2$时，订单量及利润对转运价格的敏感性分析。从表3.3可以看出，随着转运价格的提高，零售商的订单量增加，制造商和零售商的利润都上升，供应链总利润上升。通过观察表3.1与表3.3，当$\hat{\delta}=0.2$时，比较无转运与不同转运价格下的制造商利润和零售商利润发现，当转运价格太低时，采取库存转运策略使制造商和零售商的利润都下降。当转运价格升高时，在较大的参数范围内，转运对制造商和零售商都是有益的。存在转运价格阈值，作为制造商和零售商决定是否转运的依据，制造商和零售商可以有不同的阈值。Shao等（2011）指出，当两个零售商完全理性决策时，转运价格存在类似的阈值，且制造商和零售商可以有不同的阈值。在表3.1中，当$\hat{\delta}=0.2$时，两个不进行转运的零售商利润为44.200，制造商利润为104.000。与表3.3中零售商和制造商利润相比较，零售商的转运阈值接近1，制造商的转运阈值接近2。制造商转运的阈值大于零售商转运的阈值。

表3.3　有转运时转运价格对订单量及利润的影响（批发价外生）

ρ	$\hat{\delta}$	Q_1，Q_2	Q	π_1，π_2	π_m	Π	f_1，f_2
0	0.200	23.288	46.577	36.032	93.153	165.218	-2.636

续表

ρ	$\hat{\delta}$	Q_1，Q_2	Q	π_1，π_2	π_m	Π	f_1，f_2
1	0.200	24.791	49.583	42.857	99.166	184.879	-1.681
2	0.200	26.401	52.802	49.412	105.604	204.428	-0.848
3	0.200	28.111	56.223	55.541	112.446	223.529	-0.170
4	0.200	29.912	59.824	61.086	119.649	241.822	0.316
5	0.200	31.789	63.578	65.899	127.156	258.953	0.580
6	0.200	33.724	67.448	69.853	134.896	274.603	0.601
7	0.200	35.697	71.393	72.864	142.786	288.514	0.368
8	0.200	37.686	75.372	74.886	150.743	300.515	-0.121
9	0.200	39.671	79.342	75.921	158.684	310.526	-0.855
10	0.200	41.633	83.267	76.009	166.533	318.552	-1.814

批发价外生时，当两个零售商完全理性决策，协调转运价格为 $\rho^c=5$ 时，可以实现供应链协调；当两个零售商都公平关切，且 $\hat{\delta}=0.2$ 时，协调转运价格为 $\rho^{c'}=14.6$，超出了转运价格的取值范围，无法实现供应链协调，只能实现帕累托改进。

从图 3.3 中可以看出，随着转运价格的增加，制造商和零售商的利润都上升。制造商利润曲线和零售商利润曲线有两个交点。当转运价格较低和较高时，制造商利润大于零售商利润，零售商具有负的公平关切效用。当转运价格位于两个交点之间，在一定的参数范围内时，制造商利润小于零售商利润，零售商具有正的公平关切效用。制造商追求利润偏向于高的转运价格。零售商关注公平，追求个体竞争优势时，希望转运价格位于两个交点中间的参数范围内。当制造商不考虑零售商的公平关切时，在保证零售商愿意合作的范围内，在转运价格较高的交点处的供应链整体利润最大。当制造商考虑到零售商公平关切，愿意给予零售商一定的转移支付时，使双方都选择较高的转运价格，实现供应链利润的帕累托改进。

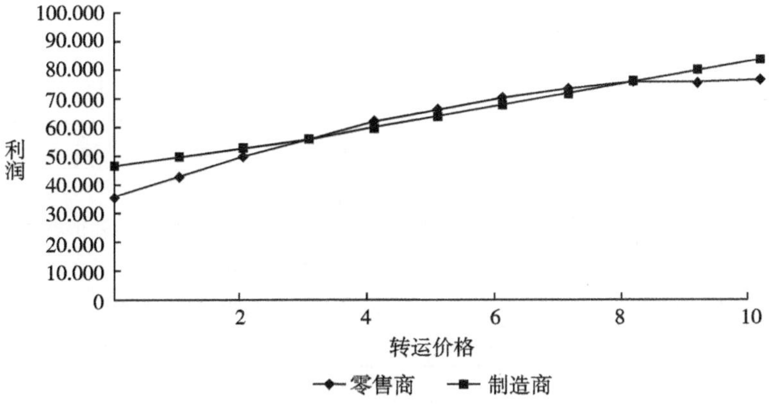

图 3.3　有转运时转运价格对利润的影响（批发价外生）

其次，在批发价内生的情况下，当零售商之间不进行库存转运时，对公平关切零售商的最优订单量求解，可参考 Wu 和 Niederhoff（2014）中引理 1 的结论，即对公平关切零售商的最优订单量的求解与经典文献 Lariviere 和 Porteus（2001）中的最优订单量的求解类似。据以上思路可求得无转运时，公平关切零售商的最优订单量为：

$$Q_i=-\xi\,\frac{(c-3r-c\hat{\delta}+\sqrt{r^2+c^2(\hat{\delta}-1)^2+2cr(1+3\hat{\delta})}\,)}{4r}$$

最优批发价为：

$$w=\frac{c+r+3c\hat{\delta}+\sqrt{r^2+c^2(\hat{\delta}-1)^2+2cr(1+3\hat{\delta})}}{4(1+\hat{\delta})}$$

表 3.4 和表 3.5 分别为批发价内生时，两个零售商之间无转运和有转运两种情况下，订单量及利润对公平关切系数的敏感性分析。通过观察表 3.4 和表 3.5 可以看出，无论零售商之间是否转运，随着 $\hat{\delta}$ 的增大，批发价下降，制造商利润下降，零售商利润上升，供应链总利润下降。不同的是，两个零售商之间无转运时，订单量随着公平关切系数的增大而减小。零售商之间存在转运时，订单量不

受公平关切系数变化的影响。

表 3.4　无转运时公平关切系数对订单量及利润的影响（批发价内生）

$\hat{\delta}$	w	Q_1，Q_2	Q	π_1，π_2	π_m	Π	f_1，f_2
0.000	7.500	25.000	50.000	31.250	125.000	187.500	0.000
0.200	7.211	23.467	46.934	37.912	103.775	179.600	-3.494
0.400	6.989	22.154	44.308	42.166	88.129	172.461	-1.266
0.600	6.812	21.010	42.020	44.912	76.135	165.959	10.267
0.800	6.667	20.000	40.000	46.667	66.667	160.000	53.333

表 3.5　有转运时公平关切系数对订单量及利润的影响（批发价内生）

ρ	$\hat{\delta}$	w	Q_1，Q_2	Q	π_1，π_2	π_m	Π	f_1，f_2
8	0.000	8.126	31.043	62.086	29.136	194.104	223.240	0.000
8	0.200	7.605	31.043	62.086	45.311	161.753	207.064	-8.891
8	0.400	7.233	31.043	62.086	56.865	138.646	195.511	-8.305
8	0.600	6.954	31.043	62.086	65.530	121.315	186.845	7.309
8	0.800	6.737	31.043	62.086	72.270	107.836	180.106	73.409

从图 3.4 和图 3.5 中可以看出，当批发价内生时，无论两个零售商是否转运，随着公平关切系数的增加，制造商的利润下降，零售商的利润上升。制造商利润曲线和零售商利润曲线只有一个交点。当公平关切系数较低时，制造商利润大于零售商利润，零售商具有负的公平关切效用。当公平关切系数较高时，制造商利润小于零售商利润，零售商具有正的公平关切效用。

当制造商不考虑零售商的公平关切，在保证零售商愿意合作的范围内，交点处的供应链整体利润最大。当制造商考虑到零售商公平关切，愿意给予零售商一定的转移支付时，使双方利润选择较低的公平关切系数，实现供应链利润的帕累托改进。

零售商关注公平追求个体竞争优势，使制造商和零售商的利润都下降，牺牲了合作成员绩效和团队绩效。当两个零售商之间存在转运时，制造商和零售商的利润差异较大，所需转移支付较多。

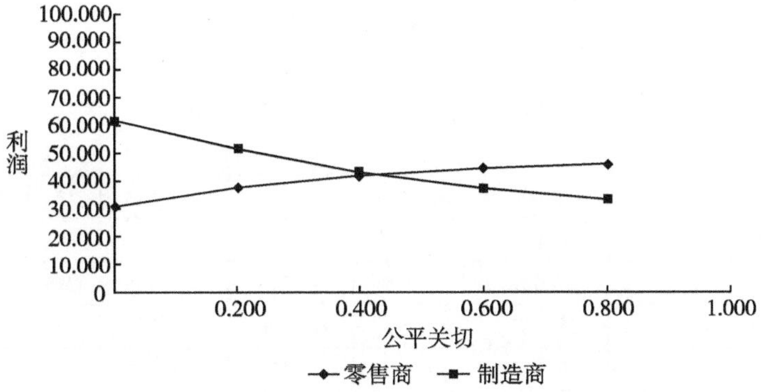

图 3.4　无转运时公平关切系数对利润的影响（批发价内生）

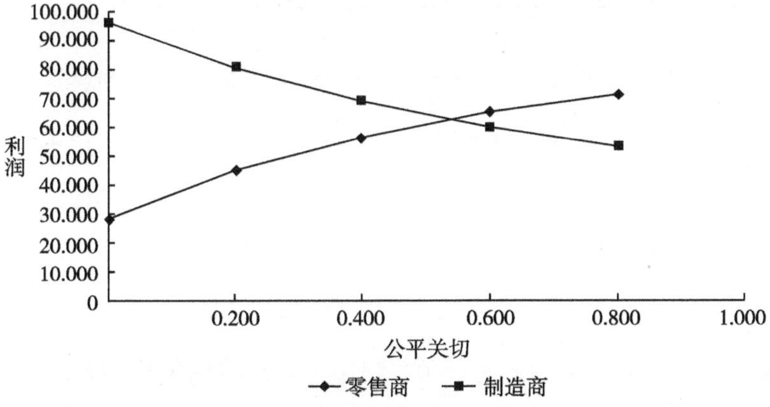

图 3.5　有转运时公平关切系数对利润的影响（批发价内生）

表 3. 6 为批发价内生时，两个相互转运零售商的订单量及利润对转运价格的敏感性分析。可以看出，随着转运价格的提升，批发价上升，订单量增加，制造商利润单调上升，零售商利润先上升后下降。

表 3. 6　有转运时转运价格对订单量及利润的影响（批发价内生）

ρ	$\hat{\delta}$	w	Q_1，Q_2	Q	π_1，π_2	π_m	Π	f_1，f_2
0	0. 200	7. 180	21. 525	43. 050	23. 267	93. 843	140. 378	−5. 914

续表

ρ	$\hat{\delta}$	w	Q_1，Q_2	Q	π_1，π_2	π_m	Π	f_1，f_2
1	0.200	7.212	22.648	45.297	28.125	100.177	156.428	-5.491
2	0.200	7.249	23.810	47.619	32.556	107.080	172.191	-5.246
3	0.200	7.292	25.000	50.000	36.458	114.583	187.499	-5.208
4	0.200	7.341	26.210	52.420	39.738	122.712	202.188	-5.405
5	0.200	7.397	27.429	54.858	42.314	131.485	216.113	-5.857
6	0.200	7.459	28.647	57.295	44.126	140.915	229.166	-6.583
7	0.200	7.529	29.855	59.710	45.131	151.005	241.267	-7.593
8	0.200	7.605	31.043	62.086	45.311	161.753	252.375	-8.891
9	0.200	7.688	32.204	64.409	44.666	173.151	262.482	-10.478
10	0.200	7.778	33.334	66.667	43.210	185.185	271.605	-12.346

通过观察表3.4与表3.6，当$\hat{\delta}=0.2$时，比较无转运与不同转运价格下的制造商利润和零售商利润发现，与批发价外生时类似，存在转运价格阈值，作为制造商和零售商决定是否转运的依据，制造商和零售商有不同的阈值。零售商的阈值明显高于制造商的阈值。

在批发价内生的情况下，公平关切不会影响供应链的协调转运价格，当$\hat{\delta}=0.2$时，协调转运价格为$\rho^{c'}=\rho^{c}=16.6$，超出了转运价格的取值范围，无法实现供应链协调，只能实现帕累托改进。

从图3.6中可以看出，随着转运价格的提升，制造商和零售商的利润都上升，零售商的利润始终小于制造商的利润，公平关切效用始终为负。制造商必须考虑零售商的公平关切。从供应链整体出发，制造商可以给予零售商一定的转移支付，使双方都选择最高的转运价格，实现供应链利润的帕累托改进。

通过以上算例分析，可以得出：

（1）与Shao等（2011）类似，零售商公平关切下，在批发价外生和内生两种情况下，存在转运价格阈值，作为制造商和零售商决定是否转运的依据。像娃哈哈、青岛啤酒这些产品接近于完全竞争市场，批发价格外生，制造商转运的阈值大于零售商转运的阈值。由于转运价格较低，库存转运行为会使制造商利润下

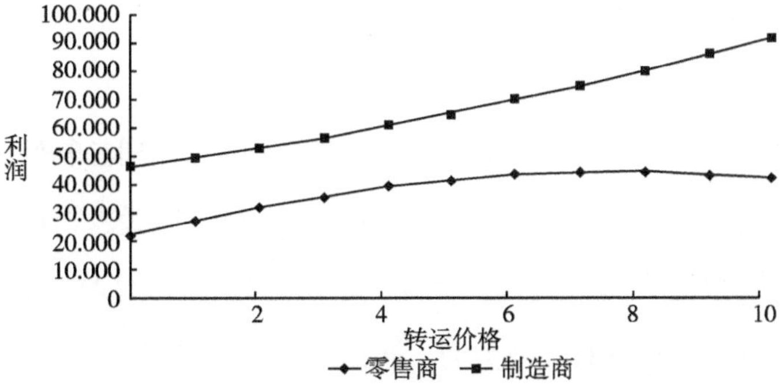

图 3.6　有转运时转运价格对利润的影响（批发价内生）

降，所以，制造商明确规定零售商不得进行库存转运。像汽车、机械设备这些产品属于垄断竞争市场，批发价格内生，零售商的阈值明显高于制造商的阈值。所以，零售商决定采取库存转运时，对制造商也一定是有利的。制造商会鼓励和促进零售商采取库存转运策略。

（2）无论批发价外生还是内生，只要公平关切系数增加，供应链总利润下降。不同的是，批发价外生时，零售商主要通过降低订单量来关注公平追求个体竞争优势，制造商的市场销售份额下降，制造商和零售商利润都下降。批发价内生时，公平关切零售商的订单量与完全理性决策下的订单量相同，公平关切不影响制造商的市场销售份额。零售商关注公平追求个体竞争优势，主要通过降低批发价，从制造商处攫取更多的利润，使制造商利润下降，零售商利润上升。

（3）无论批发价外生还是内生，在一定参数范围内，只要提高转运价格，制造商和零售商的利润都上升，供应链总利润上升，只能实现帕累托改进，无法实现供应链协调。不同的是，在批发价外生的情况下，制造商和零售商利润差异较小。制造商可以考虑或不考虑零售商的公平关切。在批发价内生的情况下，制造商和零售商利润差异较大，零售商的利润始终小于制造商的利润，制造商必须考虑零售商的公平关切，否则会影响合作。

（4）无论批发价外生还是内生，若制造商不考虑零售商的公平关切，在保证合作的基础上，当制造商与零售商利润相等时，供应链利润最大。不同的是，当批发价外生时，制造商利润与零售商利润有两个交点，拥有较低的公平关切系数和较高的转运价格的交点处，可以取得供应链利润最大值。当批发价内生时，制造商利润与零售商利润只有一个交点，在交点处，可以取得供应链利润最大值。若制造商考虑零售商的公平关切，制造商可以给予零售商一定的转移支付，使双方都选择最高的转运价格和较低的公平关切系数，这样可以在保证合作的基础上提高供应链效率，获得帕累托改进。尤其当批发价外生时，制造商和零售商的利润差异较小，所需转移支付较少。当批发价内生时，制造商和零售商的利润差异较大，所需转移支付较多。

3.7 本章小结

公平关切的零售商采取库存转运策略时，对制造商和零售商利润的影响差异完全取决于制造商是价格接受者还是价格制定者。本章在批发价外生和批发价内生两种不同情境下，引入参考依赖来描述零售商的公平关切效用函数，对一个上游制造商和相互转运的两个对称零售商组成的供应链系统进行建模，研究零售商的最优订购决策及供应链协调的问题，通过数值算例分析公平关切和转运价格对供应链成员利润及效用的影响，研究供应链协调的有效性。

通过研究发现：当零售商采取库存转运策略时，无论完全竞争市场还是垄断竞争市场，由于零售商的公平关切，制造商的利润都下降。在完全竞争市场中，由于零售商公平关切，制造商的市场销售份额下降。在垄断竞争市场中，公平关切的零售商会通过谈判降低批发价，从制造商处攫取更多的利润。由于零售商之间采取库存转运策略，使零售商的公平关切不影响制造商的市场份额。通过理论分析和数值算例，揭示了在完全竞争市场中制造商不允许零售商转运和在垄断竞争市场中制造商鼓励零售商转运的内在机理。并发现转运价格的提高，只能实现帕累托改进，使制造商和零售商的利润以及供应链总利润都上升，但是无法实现供应链协调。进一步指出制造商是否考虑零售商的公平关切，会直接影响供应链的总利润。若制造商不考虑零售商的公平关切，在保证合作的基础上，当制造商与零售商利润相等时，供应链利润最大。若制造商考虑零售商的公平关切，制造商可以给予零售商一定的转移支付，这样可以在保证合作的基础上提高供应链效率，获得帕累托改进。批发价外生时，所需转移支付较少，批发价内生时，所需转移支付较多。

本章的主要贡献是：关于供应链环境下公平关切的相关研究，绝大多数文献都只考虑一个制造商和一个零售商组成的系统，少量文献关注一个系统中存在两个零售商的情况，鲜有涉及零售商之间采取库存转运策略的情形。关于供应链环境下库存转运的相关研究，绝大多数文献都假设经济主体理性决策，集中式决策下以成本最小化为优化目标，分散式决策下以利润最大化为优化目标，很少考虑经济主体在采取库存转运策略时，具有公平关切等行为因素。本章在供应链环境下，考虑公平关切和库存转运两种因素同时存在时，对供应链成员利润和供应链协调的影响，弥补了现有研究的不足。

然而本章依然存在以下局限：第一，本章假设转运价格为外生变量，未考虑转运价格为内生变量时，供应链成员如何做出最优决策。第二，本章假设需求服从均匀分布且只有两个零售商，需求服从其他分布或系统中存在多个零售商的情境均值得关注。这些问题有待进一步开展研究。

4　考虑公平关切的双渠道供应链订购决策与协调研究

4.1　问题的提出

电子商务的发展颠覆了零售行业传统销售模式，知名品牌制造商如惠普、IBM、耐克和苹果在原有传统销售渠道的基础上开展电子直销渠道，采用双分销渠道销售产品来满足消费者需求。传统商业模式下的双渠道供应链侧重线上线下零售业态之间的差异和竞争，短期内通过对渠道产品实行定价竞争、服务竞争，长期则通过对产品线设计追求渠道利润最大化。消费者需要对渠道进行权衡来选择较优的购物方式。而线上线下渠道集成使消费者在产品信息获取、产品品种选择、货物送达、产品服务方面都有优势，势必成为品牌制造商的选择。为了给消费者提供无缝式的购物体验，使消费者在线上线下自由切换，品牌制造商通过线上线下渠道集成的优势来吸引更多的新顾客选购产品。渠道集成对提供给定服务水平所需的库存有直接影响。

O2O 模式是线上线下渠道集成下一种新的商业模式，通过库存一体化实现线上线下渠道之间的深度融合。O2O 模式依托先进的库存管理信息系统，打通线上线下库存，帮助品牌商实现“一个品牌，一套库存，全渠道销售，多种交付方式”。例如，Global Retail Inc（GRI）集团是当今亚洲国际服装和鞋履配饰品牌管理及零售网络的领航企业，同时经营多个服装鞋饰品牌，采用 O2O 模式销售产品。品牌制造商 GRI 作为上游供应商开展直销渠道并将完成线上支付的订单发给离消费者最近的零售商，每个零售商的门店都是一个中小型的仓储配送中心，供应商的所属产品均由线下门店存储并配送，零售商需要对其产品收取一定的单位利润分成。消费者也可以到门店对产品进行体验后直接购买。O2O 模式下，不仅可以缩短消费者从直销渠道获得产品的交付时间，提高消费者的满意度，而且直销渠道和零售渠道之间采取虚拟库存转运，可以有效降低双方的库存缺货风险。O2O 模式不仅可以实现渠道集成，还可以实现持续运营。O2O 模式下，线上和线下渠道如何做出订购决策，如何实现双渠道供应链的协调，仍将是理论研究和管理实践面临的重要问题。

O2O 模式要求渠道成员之间合作更加紧密，拥有竞争优势的渠道成员常表现出公平关切行为倾向，即在渠道中追求个体竞争优势，厌恶劣势不公平。供应商和零售商都有公平关切的动机。中国一些知名互联网品牌制造商，作为上游供应商纷纷转向实体店市场，采用 O2O 模式进行产品的销售，加盟商和代理商依靠的正是品牌制造商自身的客流和品牌优势，此时，供应商具有公平关切行为倾向。在眼镜、家具等行业，虽然品牌制造商采用双渠道进行产品销售，但是这些产品的销售在很大程度上依赖于消费者的现场体验和零售商的服务，零售商拥有无法替代的渠道优势，此时，零售商具有公平关切行为倾向。一些大型零售巨头与社区便利店结盟，采用 O2O 模式进行产品的销售，充分利用了供应商和零售商自身的优势，供应商拥有丰富的货源和客户流，零售商可以实现快速的交付功能，此时，供应商和零售商双方都有公平关切行为倾向。

以往的文献很少关注供应商的公平关切，以及供应商公平关切与零售商公平关切交互影响的情形。结合上述分析，本章在 O2O 模式下，引入公平关切，研究其对双渠道供应链订购决策与协调的影响。

由于渠道成员都有公平关切的动机，双渠道供应链背景下有仅供应商公平关切、仅零售商公平关切和双方都公平关切三种不同的情境。将上述问题细化为：①在三种不同的情境下，分别拥有直销渠道和零售渠道的供应商和零售商如何做出订购决策？②在三种不同的情境下，是否均能实现双渠道供应链的协调？

为了回答上述问题，我们引入参考依赖来描述渠道成员的公平关切效用函数，对一个开展线上直销渠道的供应商和一个只开展线下传统渠道的零售商组成的双渠道供应链系统进行建模。在仅供应商公平关切、仅零售商公平关切和双方都公平关切三种情境下，分析 O2O 模式下直销渠道和零售渠道的最优订购决策，给出纳什均衡解存在的条件，并在此条件下，通过隐函数定理求解公平关切、利润提成和转运价格对渠道订单量的影响，在此基础上研究 O2O 模式下双渠道供应链的协调问题。同时借助数值分析的方法，研究三种情境下转运策略的有效性和可实施性，为 O2O 模式下实现双渠道供应链的协调，提供了一定的管理启示。

本章剩余部分结构安排如下：第 4.2 节给出了建模时采用的符号说明与基本假设；第 4.3 节首先对集中式决策下的供应链系统进行建模，得出最优订单量，然后在分散式决策下，引入公平关切，求解直销渠道和零售渠道的最优订购决策，并通过分析公平关切、利润提成和转运价格对渠道订单量的影响，研究 O2O 模式下双渠道供应链的协调问题；第 4.4 节通过算例分析三种情境下转运策略的有效性和可实施性；第 4.5 节对本章主要研究结论、贡献以及研究局限进行总结。

4.2 符号说明与基本假设

本章考虑一个双渠道供应链系统，由一个开展线上直销渠道的供应商和一个只在线下销售的零售商组成，假设供应商直销渠道和零售渠道面对的需求分别为

D_i，D_j 且相互独立，i，$j=e$，r。供应商和零售商并不知道确切的市场需求水平，但面对市场需求的联合分布（D_e，D_r）是已知的，并假设联合分布是二阶可微的。

分散式决策下，考虑公平关切时，供应商和零售商决策订购量有四种情境。由于供应商和零售商对公平关切的偏好具有异质性，可能是公平中性，也可能是公平关切。为简便分析，N 代表公平中性，F 代表公平关切。供应商和零售商有四种决策组合：NN，FN，NF 和 FF。本章将情境 NN 记作完全理性决策①，$k=FN$，NF，FF 分别代表仅供应商公平关切、仅零售商公平关切和双方都公平关切三种情境，本章主要针对这三种情境展开研究。

在这三种情境下，直销渠道和零售渠道同时决定订购量（$Q_i^{T,k}$，$Q_j^{T,k}$）。当需求到达时，两个渠道分别以其库存满足需求。两个渠道可以将需求实现后多余的库存进行转运，转运量为：$T_{ij}^k=\min[(Q_i^{T,k}-D_i)^+,(D_j-Q_j^{T,k})^+]$，$i$，$j=e$，$r$，$i\neq j$。直销渠道和零售渠道实际的销售量为 $R_i^{T,k}=\min(D_i, Q_i^{T,k})+T_{ji}^{T,k}$，多余的库存量为 $V_i^{T,k}=(Q_i^{T,k}-D_i-T_{ij}^{T,k})^+$，不足的需求为 $Z_i^{T,k}=(D_i-Q_i^{T,k}-T_{ji}^{T,k})^+$。

假设供应商生产产品的单位成本为 c，以批发价 w 卖给零售商。直销渠道和零售渠道的销售价格均为 p 且 $p>c$，转运结束后每单位剩余库存的残值都为 s 且 $s<c$，每单位未满足需求的缺货成本为 l 且 $l\geqslant 0$。为简便分析，我们定义 $v=p+l$，为销售单位产品所得到的边际价值。

在 O2O 模式下，零售商需要收取一定的单位产品利润分成 r，$r\in[0, p-w)$，以确保零售商会从供应商处订货，而不是仅仅只代理配送。假设转运价格独立于两个渠道的需求和库存，不随需求实现后多余库存或缺货数量的变化而变化，转运价格相同，为τ^k。$\tau^k\in[s, v-r]$保证渠道之间的转运行为是对其有益的。由于两个渠道的库存都在零售商处，发生虚拟的库存转运，渠道之间转运成本为 0。

① 完全理性决策中，只要转运价格满足$\tau^{NN}\in[s, v]$，则直销渠道和零售渠道的订单量存在唯一的纳什均衡解，且库存转运可以实现双渠道供应链的协调。

4.3 模型构建与分析

4.3.1 集中式决策

集中式决策下，同一经济主体同时拥有直销渠道和零售渠道，供应链的整体利润为：

$$\pi^c = E(p\min(D, Q) + s(Q-D)^+ - l(D-Q)^+) - cQ \tag{4.1}$$

其中，总需求为 $D = D_e + D_r$，总订单量为 $Q = Q_e + Q_r$。最优订单量为 $Q^* = F_D^{-1}(\frac{v-c}{v-s})$，$F_D^{-1}(\cdot)$为总市场需求的反函数。

4.3.2 分散式决策

本章主要分析分散式决策下，在仅供应商公平关切、仅零售商公平关切和双方都公平关切三种情境下，即当 $k = FN$，NF，FF 时，渠道的最优订单量以及各参数对供应商和零售商的订单量的影响。

4.3.2.1 渠道的最优订单量

下面我们用图 4.1 描述供应商和零售商存在转运时，需求发生的情形。

图 4.1 中区域 Ω^1 表示直销渠道和零售渠道都有多余库存不需要转运的情形，区域 Ω_i^2 表示直销渠道实施转运的情形，区域 Ω_i^3 表示直销渠道接受转运的情形。直销渠道实施转运，即直销渠道有多余库存，零售渠道库存不足，直销渠道将剩余库存全部提供给零售渠道。直销渠道接受转运，即直销渠道库存不足，零售渠道有多余库存，直销渠道接受零售渠道提供的部分剩余库存。表 4.1 详细给出不同需求情形下，需求区域的描述、相应的概率函数以及转运情况。

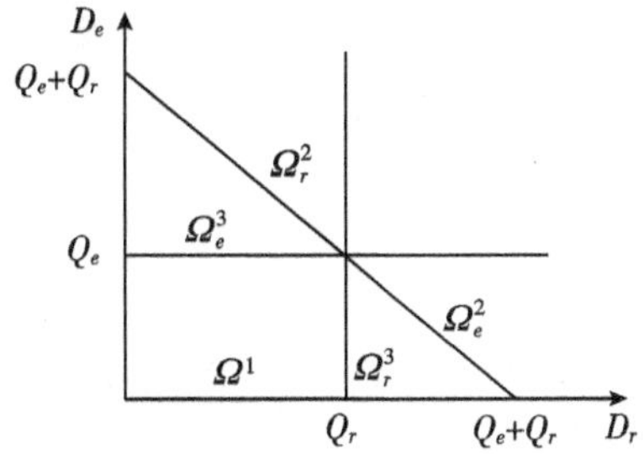

图 4.1 直销渠道和零售渠道存在转运时需求发生的情形

表 4.1 需求发生情形及相关的概率函数

需求发生情形	需求区域描述	概率函数	转运
$\Omega^1+\Omega_i^2+\Omega_j^3$	$D_i \leqslant Q_i^{T,k}$	α_i^k	$T_{ji}^{T,k}=0$
Ω_i^2	$Q_i^{T,k}+Q_j^{T,k}-D_j<D_i \leqslant Q_i^{T,k}$	β_i^k	$T_{ji}^{T,k}=0$，$T_{ij}^{T,k}=Q_i^{T,k}-D_i$
Ω_i^3	$Q_i^{T,k}<D_i \leqslant Q_i^{T,k}+Q_j^{T,k}-D_j$	γ_i^k	$T_{ij}^{T,k}=0$，$T_{ji}^{T,k}=D_i-Q_i^{T,k}$

公平中性的供应商和零售商的利润分别为：

$$\pi_e^{T,k}=E((p-r^k)R_e^{T,k}+\tau^k T_{er}^{T,k}-\tau^k T_{re}^{T,k}+sV_e^{T,k}-lZ_e^{T,k})+wQ_r^{T,k}-c(Q_r^{T,k}+Q_e^{T,k}) \tag{4.2}$$

$$\pi_r^{T,k}=E(pR_r^{T,k}+r^kR_e^{T,k}+\tau^k T_{re}^{T,k}-\tau^k T_{er}^{T,k}+sV_r^{T,k})-E(lZ_r^{T,k})-wQ_r^{T,k} \tag{4.3}$$

其中，$k=FN$，NF，FF。

本章采用与第 2 章相同的方法刻画供应商和零售商的效用函数。渠道成员的效用函数为：

$$U_i^{T,k}=\pi_i^{T,k}+f_i^{T,k}，k=FN，NF，FF，i=e，r \tag{4.4}$$

其中，一部分是利润函数，另一部分是渠道公平效用 $f_i^{T,k}$。通过引入参考依赖来描述渠道成员的渠道公平效用函数，这里以渠道成员利润的 θ_i^k 倍作为参考点，采用简化的公平效用函数。参数 θ_i^k 称为利润分配比且 $\theta_i^k>0$，反映渠道成员在供应链中的重要程度。如果供应商(零售商)的利润能达到零售商(供应商)利润的 $\theta_e^k(\theta_r^k)$倍，供应商(零售商)认为渠道公平，否则，认为不公平。为了计算简便考虑，假设决策者面对同等利润和损失的敏感程度一样。为刻画该效用函数，引入参数 λ_i^k 作为公平关切系数，于是得到渠道成员的渠道公平效用函数为：

$$f_i^{T,k}=-\lambda_i^k(\theta_i^k\pi_j^{T,k}-\pi_i^{T,k}),\ i,\ j=e,\ r,\ k=FN,\ NF,\ FF \tag{4.5}$$

为便于模型分析，不妨记 $\hat{\lambda}_i^k\equiv\dfrac{\lambda_i^k}{(1+\lambda_i^k)}$。易知，$\hat{\lambda}_i^k$ 是关于 λ_i^k 的增函数，且 $\hat{\lambda}_i^k\in[0,\ 1)$。当 $\lambda_i^k=0$ 时，$\hat{\lambda}_i^k=0$，即渠道成员为公平中性；当 $\lambda_i^k\to+\infty$ 时，$\hat{\lambda}_i^k\to 1$，即渠道成员对公平极度关注，愿意付出巨大成本去维护公平。在上述变换基础之上进一步展开分析。

情境 FN：直销渠道和零售渠道的最优订单量分别由供应商效用函数的一阶条件和零售商利润函数的一阶条件求得。供应商效用函数的一阶条件为：

$$\alpha_e^k=\frac{\upsilon-r^k-c}{\upsilon-r^k-s}+\frac{(\tau^k-s)-\theta_e^k\hat{\lambda}_e^k(\upsilon-\tau^k)}{\upsilon-r^k-s}\beta_e^k-\frac{(\upsilon-r^k-\tau^k)-\theta_e^k\hat{\lambda}_e^k(\tau^k+r^k-s)}{\upsilon-r^k-s}\gamma_e^k \tag{4.6}$$

零售商利润函数的一阶条件为：

$$\alpha_r^k=\frac{\upsilon-w}{\upsilon-s}+\frac{\tau^k+r^k-s}{\upsilon-s}\beta_r^k-\frac{\upsilon-\tau^k}{\upsilon-s}\gamma_r^k \tag{4.7}$$

引理 4.1：当 $k=FN$，$r^{FN}=0$ 且 $\theta_e^{FN}\hat{\lambda}_e^{FN}\leqslant 1$ 时，只要 $\tau^{FN}\in\left[\dfrac{s+\theta_e^{FN}\hat{\lambda}_e^{FN}\upsilon}{1+\theta_e^{FN}\hat{\lambda}_e^{FN}},\ \dfrac{\upsilon+\theta_e^{FN}\hat{\lambda}_e^{FN}s}{1+\theta_e^{FN}\hat{\lambda}_e^{FN}}\right]$，直销渠道和零售渠道的订单量存在唯一的纳什均衡解（见附录 3）。

情境 NF：直销渠道和零售渠道的最优订单量分别由供应商利润函数的一阶条件和零售商效用函数的一阶条件求得。供应商利润函数的一阶条件为：

$$\alpha_e^k=\frac{\upsilon-r^k-c}{\upsilon-r^k-s}+\frac{\tau^k-s}{\upsilon-r^k-s}\beta_e^k-\frac{\upsilon-r^k-\tau^k}{\upsilon-r^k-s}\gamma_e^k \tag{4.8}$$

零售商效用函数的一阶条件为：

$$\alpha_r^k=\frac{(\upsilon-w)-\theta_r^k\hat{\lambda}_r^k(w-c)}{\upsilon-s}+\frac{(\tau^k+r^k-s)-\theta_r^k\hat{\lambda}_r^k(\upsilon-r^k-\tau^k)}{\upsilon-s}\beta_r^k-$$
$$\frac{(\upsilon-\tau^k)-\theta_r^k\hat{\lambda}_r^k(\tau^k-s)}{\upsilon-s}\gamma_r^k \tag{4.9}$$

引理 4.2：当 $k=NF$，且 $\frac{\upsilon-s+r^{NF}}{\upsilon-s-r^{NF}}\geqslant\theta_r^{NF}\hat{\lambda}_r^{NF}\geqslant\frac{r^{NF}}{\upsilon-s-r^{NF}}$ 时，只要转运价格满足

$\tau^{NF}\in\left[\frac{s+\theta_r^{NF}\hat{\lambda}_r^{NF}\upsilon}{1+\theta_r^{NF}\hat{\lambda}_r^{NF}}-r^{NF},\ \frac{\upsilon+\theta_r^{NF}\hat{\lambda}_r^{NF}s}{1+\theta_r^{NF}\hat{\lambda}_r^{NF}}\right]$，则直销渠道和零售渠道的订单量存在唯一的纳什均衡解(见附录 4)。

情境 FF：直销渠道和零售渠道的最优订单量分别由供应商效用函数的一阶条件和零售商效用函数的一阶条件求得。供应商效用函数的一阶条件与式(4.6)类似，零售商效用函数的一阶条件与式(4.9)类似。

引理 4.3：当 $k=FF$，$\frac{\upsilon-s-r^{FF}}{\upsilon-s+r^{FF}}\geqslant\theta_e^{FF}\hat{\lambda}_e^{FF}$，$\frac{\upsilon-s+r^{FF}}{\upsilon-s-r^{FF}}\geqslant\theta_r^{FF}\hat{\lambda}_r^{FF}\geqslant\frac{r^{FF}}{\upsilon-s-r^{FF}}$ 时，若

$\frac{\theta_r^{FF}\hat{\lambda}_r^{FF}-\theta_e^{FF}\hat{\lambda}_e^{FF}}{(1+\theta_r^{FF}\hat{\lambda}_r^{FF})(1+\theta_e^{FF}\hat{\lambda}_e^{FF})}\geqslant\frac{r^{FF}}{\upsilon-s}$，只要满足 $\tau^{FF}\in\left[\frac{s+\theta_r^{FF}\hat{\lambda}_r^{FF}\upsilon}{1+\theta_r^{FF}\hat{\lambda}_r^{FF}}-r^{FF},\ \frac{\upsilon+\theta_r^{FF}\hat{\lambda}_r^{FF}s}{1+\theta_r^{FF}\hat{\lambda}_r^{FF}}\right]$，或者

若 $0<\frac{\theta_r^{FF}\hat{\lambda}_r^{FF}-\theta_e^{FF}\hat{\lambda}_e^{FF}}{(1+\theta_r^{FF}\hat{\lambda}_r^{FF})(1+\theta_e^{FF}\hat{\lambda}_e^{FF})}<\frac{r^{FF}}{\upsilon-s}$，只要满足 $\tau^{FF}\in\left[\frac{s+\theta_e^{FF}\hat{\lambda}_e^{FF}\upsilon}{1+\theta_e^{FF}\hat{\lambda}_e^{FF}},\ \frac{\upsilon+\theta_e^{FF}\hat{\lambda}_e^{FF}s}{1+\theta_e^{FF}\hat{\lambda}_e^{FF}}-r^{FF}\right]$，则直销渠道和零售渠道的订单量存在唯一的纳什均衡解(见附录 5)。

4.3.2.2 公平关切系数对订单量的影响

本章主要研究相关参数对直销渠道和零售渠道订单量和总订单量 $Q^{T,k}=Q_e^{T,k}+Q_r^{T,k}$ 的影响。首先研究公平关切系数对订单量的影响。

情境 FN 中，在满足直销渠道和零售渠道订单量取得均衡解的条件下，采用隐函数定理求解公平关切系数对直销渠道和零售渠道的订单量的影响。由供应商效用函数的一阶条件和零售商利润函数的一阶条件可得隐函数方程组为：

$$F(\hat{\lambda}_e^{FN},\ Q_e^{T,FN},\ Q_r^{T,FN})=(\upsilon-s)\alpha_e^{FN}-[(\tau^{FN}-s)-\theta_e^{FN}\hat{\lambda}_e^{FN}(\upsilon-\tau^{FN})]\beta_e^{FN}+[(\upsilon-\tau^{FN})-\theta_e^{FN}\hat{\lambda}_e^{FN}(\tau^{FN}-s)]\gamma_e^{FN}-(\upsilon-c) \tag{4.10}$$

$$G(\hat{\lambda}_e^{FN},\ Q_e^{T,FN},\ Q_r^{T,FN})=(\upsilon-s)\alpha_r^{FN}-(\tau^{FN}-s)\beta_r^{FN}+(\upsilon-\tau^{FN})\gamma_r^{FN}-(\upsilon-w) \tag{4.11}$$

雅克比行列式为：

$$J^{T,FN}=\begin{bmatrix}(\upsilon-s)a_e+[(\tau^{FN}-s)-\theta_e^{FN}\hat{\lambda}_e^{FN}(\upsilon-\tau^{FN})](b_{er}^1-b_{er}^2)+[(\upsilon-\tau^{FN})-\\ \theta_e^{FN}\hat{\lambda}_e^{FN}(\tau^{FN}-s)](g_{er}^1-g_{er}^2)\end{bmatrix}\times$$

$$[(\upsilon-s)a_r+(\tau^{FN}-s)(b_{re}^1-b_{re}^2)+(\upsilon-\tau^{FN})(g_{re}^1-g_{re}^2)]-$$

$$\begin{bmatrix}[(\tau^{FN}-s)-\theta_e^{FN}\hat{\lambda}_e^{FN}(\upsilon-\tau^{FN})]b_{er}^1+\\ [(\upsilon-r^{FN}-\tau^{FN})-\theta_e^{FN}\hat{\lambda}_e^{FN}(\tau^{FN}-s)]g_{er}^1\end{bmatrix}\times[(\upsilon-\tau^{FN})g_{re}^1+(\tau^{FN}-s)b_{re}^1] \quad (4.12)$$

结合引理 4.1 的证明过程，可得 $J^{T,FN}>0$。其中 $a_i=f_{D_i}(Q_i^k)$ 是概率密度函数，b_{ij}^1，b_{ij}^2，g_{ij}^1，g_{ij}^2 是相应的边际概率密度函数：

$$b_{ij}^1=\mathrm{pr}(D_i<Q_i^k)f_{D_i+D_j\mid(D_i<Q_i^k)}(Q_i^k+Q_j^k) \quad (4.13)$$

$$b_{ij}^2=\mathrm{pr}(D_i+D_j>Q_i^k+Q_j^k)f_{D_i\mid D_i+D_j>Q_i^k+Q_j^k}(Q_i^k) \quad (4.14)$$

$$g_{ij}^1=\mathrm{pr}(D_i>Q_i^k)f_{D_i+D_j\mid D_i>Q_i^k}(Q_i^k+Q_j^k) \quad (4.15)$$

$$g_{ij}^2=\mathrm{pr}(D_i+D_j<Q_i^k+Q_j^k)f_{D_i\mid D_i+D_j<Q_i^k+Q_j^k}(Q_i^k) \quad (4.16)$$

公平关切系数对直销渠道和零售渠道的订单量及总订单量影响为：

$$\frac{\partial Q_e^{T,FN}}{\partial\hat{\lambda}_e^{FN}}=-\frac{\theta_e^{FN}}{J^{T,FN}}[(\upsilon-\tau^{FN})\beta_e^{FN}-(\tau^{FN}-s)\gamma_e^{FN}]\times[(\upsilon-s)a_r+(\tau^{FN}-s)(b_{re}^1-b_{re}^2)+$$

$$(\upsilon-\tau^{FN})(g_{re}^1-g_{re}^2)] \quad (4.17)$$

$$\frac{\partial Q_r^{T,FN}}{\partial\hat{\lambda}_e^{FN}}=\frac{\theta_e^{FN}}{J^{T,FN}}[(\upsilon-\tau^{FN})\beta_e^{FN}-(\tau^{FN}-s)\gamma_e^{FN}]\times[(\upsilon-\tau^{FN})g_{re}^1+(\tau^{FN}-s)b_{re}^1] \quad (4.18)$$

$$\frac{\partial Q^{T,FN}}{\partial\hat{\lambda}_e^{FN}}=-\frac{\theta_e^{FN}}{J^{T,FN}}[(\upsilon-\tau^{FN})\beta_e^{FN}-(\tau^{FN}-s)\gamma_e^{FN}]\times[(\upsilon-s)a_r-(\tau^{FN}-s)b_{21}^2-(\upsilon-\tau^{FN})g_{21}^2]$$

$$(4.19)$$

情境 NF 中，在满足直销渠道和零售渠道订单量取得均衡解的条件下，采用隐函数定理求解公平关切系数对直销渠道和零售渠道订单量的影响。由供应商利润函数的一阶条件和零售商效用函数的一阶条件可得隐函数方程组为：

$$F(\hat{\lambda}_r^{NF},\ Q_e^{T,NF},\ Q_r^{T,NF})=(\upsilon-r^{NF}-s)\alpha_e^{NF}-(\tau^{NF}-s)\beta_e^{NF}+(\upsilon-r^{NF}-\tau^{NF})\gamma_e^{NF}-(\upsilon-r^{NF}-c)$$

$$(4.20)$$

$$G(\hat{\lambda}_r^{NF},\ Q_e^{T,NF},\ Q_r^{T,NF}) = (v-s)\alpha_r^{NF} + [(v-\tau^{NF}) - \theta_r^{NF}\hat{\lambda}_r^{NF}(\tau^{NF}-s)]\gamma_r^{NF} - [(\tau^{NF}+r^{NF}-s) - \theta_r^{NF}\hat{\lambda}_r^{NF}(v-r^{NF}-\tau^{NF})]\beta_r^{NF} - [(v-w) - \theta_r^{NF}\hat{\lambda}_r^{NF}(w-c)] \tag{4.21}$$

雅克比行列式为：

$$J^{T,NF} = [(v-r^{NF}-s)a_e + (v-r^{NF}-\tau^{NF})(g_{er}^1-g_{er}^2) + (\tau^{NF}-s)(b_{er}^1-b_{er}^2)] \times \begin{bmatrix} (v-s)a_r + [(v-\tau^{NF}) - \theta_r^{NF}\hat{\lambda}_r^{NF}(\tau^{NF}-s)](g_{re}^1-g_{re}^2) + \\ [(\tau^{NF}+r^{NF}-s) - \theta_r^{NF}\hat{\lambda}_r^{NF}(v-r^{NF}-\tau^{NF})](b_{re}^1-b_{re}^2) \end{bmatrix} - [(v-r^{NF}-\tau^{NF})g_{er}^1 + (\tau^{NF}-s)b_{er}^1] \times \begin{bmatrix} [(\tau+r^{NF}-s) - \theta_r^{NF}\hat{\lambda}_r^{NF}(v-r^{NF}-\tau^{NF})]b_{re}^1 + \\ [(v-\tau^{NF}) - \theta_r^{NF}\hat{\lambda}_r^{NF}(\tau^{NF}-s)]g_{re}^1 \end{bmatrix} \tag{4.22}$$

结合引理4.2的证明过程，可得 $J^{T,NF}>0$。公平关切系数对直销渠道和零售渠道的订单量及总订单量影响为：

$$\frac{\partial Q_e^{T,NF}}{\partial \hat{\lambda}_r^{NF}} = \frac{\theta_r^{NF}}{J^{T,NF}}[(w-c) + (v-r^{NF}-\tau^{NF})\beta_r^{NF} - (\tau^{NF}-s)\gamma_r^{NF}] \times [(v-r^{NF}-\tau^{NF})g_{er}^1 + (\tau^{NF}-s)b_{er}^1] \tag{4.23}$$

$$\frac{\partial Q_r^{T,NF}}{\partial \hat{\lambda}_r^{NF}} = -\frac{\theta_r^{NF}}{J^{T,NF}}[(w-c) + (v-r^{NF}-\tau^{NF})\beta_r^{NF} - (\tau^{NF}-s)\gamma_r^{NF}] \times [(v-r^{NF}-s)a_e + (v-r^{NF}-\tau^{NF})(g_{er}^1-g_{er}^2) + (\tau^{NF}-s)(b_{er}^1-b_{er}^2)] \tag{4.24}$$

$$\frac{\partial Q^{T,NF}}{\partial \hat{\lambda}_r^{NF}} = -\frac{\theta_r^{NF}}{J^{T,NF}}[(w-c) + (v-r^{NF}-\tau^{NF})\beta_r^{NF} - (\tau^{NF}-s)\gamma_r^{NF}] \times [(v-r^{NF}-s)a_e - (v-r^{NF}-\tau^{NF})g_{er}^2 - (\tau^{NF}-s)b_{er}^2] \tag{4.25}$$

情境 *FF* 中，在满足直销渠道和零售渠道订单量取得均衡解的条件下，采用隐函数定理求解公平关切系数对直销渠道和零售渠道的订单量的影响。由供应商和零售商效用函数的一阶条件可得隐函数方程组为：

$$F(\hat{\lambda}_e^{FF},\ \hat{\lambda}_r^{FF},\ Q_e^{T,FF},\ Q_r^{T,FF}) = (v-r^{FF}-s)\alpha_e^{FF} - (v-r^{FF}-c) -$$

$$[(\tau^{FF}-s)-\theta_e^{FF}\hat{\lambda}_e^{FF}(v-\tau^{FF})]\beta_e^{FF}+$$

$$[(v-r^{FF}-\tau^{FF})-\theta_e^{FF}\hat{\lambda}_e^{FF}(\tau^{FF}+r^{FF}-s)]\gamma_e^{FF} \quad (4.26)$$

$$G(\hat{\lambda}_e^{FF},\ \hat{\lambda}_r^{FF},\ Q_e^{T,FF},\ Q_r^{T,FF})=(v-s)\alpha_r^{FF}-[(v-w)-\theta_r^{FF}\hat{\lambda}_r^{FF}(w-c)]-$$

$$[(\tau^{FF}+r^{FF}-s)-\theta_r^{FF}\hat{\lambda}_r^{FF}(v-r^{FF}-\tau^{FF})]\beta_r^{FF}+$$

$$[(v-\tau^{FF})-\theta_r^{FF}\hat{\lambda}_r^{FF}(\tau^{FF}-s)]\gamma_r^{FF} \quad (4.27)$$

雅克比行列式为：

$$J^{T,FF}=\begin{bmatrix}(v-r^{FF}-s)a_e+[(\tau^{FF}-s)-\theta_e^{FF}\hat{\lambda}_e^{FF}(v-\tau^{FF})](b_{er}^1-b_{er}^2)+\\ [(v-r^{FF}-\tau^{FF})-\theta_e^{FF}\hat{\lambda}_e^{FF}(\tau^{FF}+r^{FF}-s)](g_{er}^1-g_{er}^2)\end{bmatrix}\times$$

$$\begin{bmatrix}(v-s)a_r+[(v-\tau^{FF})-\theta_r^{FF}\hat{\lambda}_r^{FF}(\tau^{FF}-s)](g_{re}^1-g_{re}^2)+\\ [(\tau^{FF}+r^{FF}-s)-\theta_r^{FF}\hat{\lambda}_r^{FF}(v-r^{FF}-\tau^{FF})](b_{re}^1-b_{re}^2)\end{bmatrix}-$$

$$\begin{bmatrix}[(\tau^{FF}-s)-\theta_e^{FF}\hat{\lambda}_e^{FF}(v-\tau^{FF})]b_{er}^1+[(v-r^{FF}-\tau^{FF})-\\ \theta_e^{FF}\hat{\lambda}_e^{FF}(\tau^{FF}+r^{FF}-s)]g_{er}^1\end{bmatrix}\times$$

$$\begin{bmatrix}[(\tau^{FF}+r^{FF}-s)-\theta_r^{FF}\hat{\lambda}_r^{FF}(v-r^{FF}-\tau^{FF})]b_{re}^1+\\ [(v-\tau^{FF})-\theta_r^{FF}\hat{\lambda}_r^{FF}(\tau^{FF}-s)]g_{re}^1\end{bmatrix} \quad (4.28)$$

结合引理 4.3 的证明过程，可得 $J^{T,FF}>0$。公平关切系数对直销渠道和零售渠道总订单量影响为：

$$\frac{\partial Q^{T,FF}}{\partial\hat{\lambda}_e^{FF}}=-\frac{\theta_e^{FF}}{J^{T,FF}}[(v-\tau^{FF})\beta_e^{FF}-(\tau^{FF}+r^{FF}-s)\gamma_e^{FF}]\times$$

$$\begin{bmatrix}(v-s)a_r-[(\tau^{FF}+r^{FF}-s)-\theta_r^{FF}\hat{\lambda}_r^{FF}(v-r^{FF}-\tau^{FF})]b_{re}^2-\\ [(v-\tau^{FF})-\theta_r^{FF}\hat{\lambda}_r^{FF}(\tau^{FF}-s)]g_{re}^2\end{bmatrix} \quad (4.29)$$

$$\frac{\partial Q^{T,FF}}{\partial\hat{\lambda}_r^{FF}}=-\frac{\theta_r^{FF}}{J^{T,FF}}[(w-c)+(v-r^{FF}-\tau^{FF})\beta_r^{FF}-(\tau^{FF}-s)\gamma_r^{FF}]\times$$

$$\begin{bmatrix}(v-r^{FF}-s)a_e-[(v-\tau^{FF})-\theta_e^{FF}\hat{\lambda}_e^{FF}(\tau^{FF}-s)]g_{er}^2-\\ [(\tau^{FF}+r^{FF}-s)-\theta_e^{FF}\hat{\lambda}_e^{FF}(v-r^{FF}-\tau^{FF})]b_{er}^2\end{bmatrix} \quad (4.30)$$

从表达式可以看出，公平关切系数对订单量的影响，与零售商转运的边际平均利润比较式 $\eta_i^k=(v-\tau^k)\beta_i^k-(\tau^k+r^k-s)\gamma_i^k$ 和供应商转运的边际平均利润比较式 $\eta_j^k=(v-r^k-\tau^k)\beta_j^k-(\tau^k-s)\gamma_j^k+(w-c)$，$i$，$j=e$，$r$ 密切相关。η_i^k 反映零售商对接受转运或实施转运状态的倾向，作为供应商和零售商决策订单量的依据。当 $\eta_i^k=0$ 时，零售商对接受转运和实施转运状态无差异；当 $\eta_i^k>0$ 时，零售商倾向接受转运；当 $\eta_i^k<0$ 时，零售商倾向实施转运。其中，$(v-\tau^k)\beta_i^k$ 表示零售商接受转运获得的边际平均利润；$(\tau^k-s)\gamma_i^k$ 表示零售商实施转运获得的边际平均利润。另外，供应商接受转运获得的边际平均利润中多出一项 $w-c$，因为供应商接受转运的产品是零售商完成从供应商订货之后的基础上实施转运，在零售商订货完成时供应商已经获取利润 $w-c$。

下面研究情境 FN 和情境 NF 中 $\hat{\lambda}_i^k$ 和 $\hat{\lambda}_j^k$ 分别对直销渠道、零售渠道订单量和总订单量的影响，i，$j=e$，r。

命题 4.1：当 $k=FN(NF)$ 时，若保持其他参数不变，公平关切系数对订单量的影响有以下三种情况：当零售商(供应商)对接受转运和实施转运状态无差异时，总订单量不会随公平关切程度变化而变化；当零售商(供应商)倾向接受转运时，供应商(零售商)对公平越关注，直销渠道的订单量越小(大)，零售渠道的订单量越大(小)，总订单量越小；当零售商(供应商)倾向实施转运时，供应商(零售商)对公平越关注，直销渠道的订单量越大(小)，零售渠道的订单量越小(大)，总订单量越大。

证明：结合引理 4.1 和引理 4.2 的证明过程，可以得出：当 $\eta_i^k=0$ 时，$\frac{\partial Q_i^{T,k}}{\partial\hat{\lambda}_i^k}=\frac{\partial Q_j^{T,k}}{\partial\hat{\lambda}_i^k}=\frac{\partial Q^{T,k}}{\partial\hat{\lambda}_i^k}=0$；当 $\eta_i^k>0$ 时，$\frac{\partial Q_i^{T,k}}{\partial\hat{\lambda}_i^k}<0$，$\frac{\partial Q_j^{T,k}}{\partial\hat{\lambda}_i^k}>0$，$\frac{\partial Q^{T,k}}{\partial\hat{\lambda}_i^k}<0$；当 $\eta_i^k<0$ 时，$\frac{\partial Q_i^{T,k}}{\partial\hat{\lambda}_i^k}>0$，$\frac{\partial Q_j^{T,k}}{\partial\hat{\lambda}_i^k}<0$，$\frac{\partial Q^{T,k}}{\partial\hat{\lambda}_i^k}>0$。当 $k=FN$ 时，$i=e$，$j=r$；当 $k=NF$ 时，$i=r$，$j=e$。证毕。

命题4.1表明，经济主体的公平关切加剧了线上和线下渠道之间的冲突。当零售商（供应商）倾向接受转运时，由于供应商（零售商）公平关切，供应商（零售商）会通过减少直销渠道的订单量来减少给零售商（供应商）的转运量，零售商（供应商）只好自己增加订单量来满足市场需求，所以，供应商（零售商）对公平越关注，直销渠道的订单量越小（大），零售渠道的订单量越大（小），总订单量越小。当零售商（供应商）倾向实施转运时，由于供应商（零售商）公平关切，供应商（零售商）会通过增加直销渠道的订单量来减少从零售商（供应商）获取的转运量，零售商（供应商）相应地减少订单量，所以，供应商（零售商）对公平越关注，直销渠道的订单量越大（小），零售渠道的订单量越小（大），总订单量越大。

下面主要研究在情境 *FF* 中公平关切对直销渠道和零售渠道订单量的影响。当供应商和零售商都公平关切时，渠道订单量的变化同时受 λ_i^k，λ_j^k 的影响，λ_i^k，λ_j^k 对订单量的影响叠加在一起，这两种影响相互增强或者相互抵消。

命题4.2：当 $k=FF$ 时，若保持其他参数不变，公平关切系数对订单量的影响有以下三种情况：当供应商和零售商都对接受转运和实施转运状态无差异时，总订单量不会随供应商和零售商的公平关切程度而变化；当供应商和零售商都倾向接受转运（实施转运）时，供应商和零售商对公平越关注，总订单量越小（大）；当供应商倾向实施转运而零售商倾向接受转运（当供应商倾向接受转运而零售商倾向实施转运）时，直销渠道订单量越大（小），零售商订单量越小（大）。

证明：结合引理4.3的证明过程，可以得出：当 $\eta_i^k=\eta_j^k=0$ 时，$\frac{\partial Q^{T,k}}{\partial \lambda_i^k}=\frac{\partial Q^{T,k}}{\partial \lambda_j^k}=0$。当 $\eta_i^k\times\eta_j^k>0$ 时，若 $\eta_i^k>0$，$\eta_j^k>0$，则$\frac{\partial Q^{T,k}}{\partial \lambda_i^k}<0$，$\frac{\partial Q^{T,k}}{\partial \lambda_j^k}<0$；若 $\eta_i^k<0$，$\eta_j^k<0$，则$\frac{\partial Q^{T,k}}{\partial \lambda_i^k}>0$，$\frac{\partial Q^{T,k}}{\partial \lambda_j^k}>0$。当 $\eta_i^k\times\eta_j^k<0$ 时，若 $\eta_i^k<0$，$\eta_j^k>0$，则$\frac{\partial Q_i^{T,k}}{\partial \lambda_i^k}>0$，$\frac{\partial Q_i^{T,k}}{\partial \lambda_j^k}>0$，

$\frac{\partial Q_j^{T,k}}{\partial \lambda_i^k}<0$，$\frac{\partial Q_j^{T,k}}{\partial \lambda_j^k}<0$；若 $\eta_i^k>0$，$\eta_j^k<0$，则$\frac{\partial Q_i^{T,k}}{\partial \lambda_i^k}<0$，$\frac{\partial Q_i^{T,k}}{\partial \lambda_j^k}<0$，$\frac{\partial Q_j^{T,k}}{\partial \lambda_i^k}>0$，$\frac{\partial Q_j^{T,k}}{\partial \lambda_j^k}>0$，$i$，$j=e$，$r$，$k=FF$。证毕。

命题 4.2 表明，供应商和零售商都公平关切，都希望通过控制转运量掌握更多的主动权，双方都倾向实施转运。双方对公平越关注，直销渠道和零售渠道订单量越大，总订单量越大。

通过命题 4.1 和命题 4.2 可以看出，当供应商或零售商考虑公平关切时，供应商和零售商的竞争意识较强，直销渠道和零售渠道之间渠道冲突增加。在三种情境下，直销渠道和零售渠道的订单量随着同一个公平关切系数的变化趋势相反，这是因为直销渠道和零售渠道的订单量在满足顾客需求时是替代关系。具有公平关切行为的一方的渠道订单量与总订单量随公平关切系数变化一致，说明具有公平关切的一方订购时受自身的公平关切影响较大，另一方则受其影响较小。

4.3.2.3 利润提成对订单量的影响

在情境 FN 下，最优订单量存在需满足条件 $r=0$，不需要考虑利润提成对订单量的影响。下面研究在 NF 和 FF 两种情境下，利润提成对订单量的影响，可以得出命题 4.3。

命题 4.3：当 $k=NF$，FF 时，直销渠道订单量随着利润提成 r 的增加而减小，零售渠道订单量随着利润提成 r 的增加而增加。

证明：采用隐函数定理求解利润分成对订单量的影响。情境 NF 中，利润提成对订单量的影响为：

$$\frac{\partial Q_e^{T,NF}}{\partial r^{NF}}=-\frac{1}{J^{T,NF}}\begin{bmatrix}(1-\alpha_e^{NF}-\gamma_e^{NF})\begin{bmatrix}(\upsilon-s)a_r+[(\upsilon-\tau^{NF})-\theta_r^{NF}\hat{\lambda}_r^{NF}(\tau^{NF}-s)](g_{re}^1-g_{re}^2)+\\ [(\tau^{NF}+r^{NF}-s)-\theta_r^{NF}\hat{\lambda}_r^{NF}(\upsilon-r^{NF}-\tau^{NF})](b_{re}^1-b_{re}^2)\end{bmatrix}+\\ (\theta_r^{NF}\hat{\lambda}_r^{NF}+1)\beta_r^{NF}[(\upsilon-r^{NF}-\tau^{NF})g_{er}^1-(\tau^{NF}-s)b_{er}^1]\end{bmatrix}$$

(4.31)

$$\frac{\partial Q_r^{T,NF}}{\partial r^{NF}}=\frac{1}{J^{T,NF}}\begin{bmatrix}(1-\alpha_e^{NF}-\gamma_e^{NF})\begin{bmatrix}[(\tau^{NF}+r^{NF}-s)-\theta_r^{NF}\hat{\lambda}_r^{NF}(\upsilon-r^{NF}-\tau^{NF})]b_{re}^1+\\ [(\upsilon-\tau^{NF})-\theta_r^{NF}\hat{\lambda}_r^{NF}(\tau^{NF}-s)]g_{re}^1\end{bmatrix}+\\ (\theta_r^{NF}\hat{\lambda}_r^{NF}+1)\beta_r^{NF}\begin{bmatrix}(\upsilon-r^{NF}-s)a_e+(\upsilon-r^{NF}-\tau^{NF})(g_{er}^1-g_{er}^2)+\\ (\tau^{NF}-s)(b_{er}^1-b_{er}^2)\end{bmatrix}\end{bmatrix}$$

(4.32)

结合引理 4.2 的证明过程，得出$\frac{\partial Q_e^{T,NF}}{\partial r^{NF}}<0$，$\frac{\partial Q_r^{T,NF}}{\partial r^{NF}}>0$，总订单量随着利润分成的变化不确定。同理，求解情境 FF 中利润分成对订单量的影响分别为：

$$\frac{\partial Q_e^{T,FF}}{\partial r^{FF}}=-\frac{1}{J^{T,FF}}\begin{bmatrix}[1-\alpha_e^{FF}-(\theta_e^{FF}\hat{\lambda}_e^{FF}+1)\gamma_e^{FF}]\times\\ \begin{bmatrix}(\upsilon-s)a_r+[(\tau^{FF}+r^{FF}-s)-\theta_r^{FF}\hat{\lambda}_r^{FF}(\upsilon-r^{FF}-\tau^{FF})](b_{re}^1-b_{re}^2)+\\ [(\upsilon-\tau^{FF})-\theta_r^{FF}\hat{\lambda}_r^{FF}(\tau^{FF}-s)](g_{re}^1-g_{re}^2)\end{bmatrix}+\\ (\theta_r^{FF}\hat{\lambda}_r^{FF}+1)\beta_r^{FF}\times\\ \begin{bmatrix}[(\tau^{FF}-s)-\theta_e^{FF}\hat{\lambda}_e^{FF}(\upsilon-\tau^{FF})]b_{er}^1+[(\upsilon-r^{FF}-\tau^{FF})-\\ \theta_e^{FF}\hat{\lambda}_e^{FF}(\tau^{FF}+r^{FF}-s)]g_{er}^1\end{bmatrix}\end{bmatrix}$$

(4.33)

$$\frac{\partial Q_r^{T,FF}}{\partial r^{FF}}=\frac{1}{J^{T,FF}}\begin{bmatrix}[1-\alpha_e^{FF}-(\theta_e^{FF}\hat{\lambda}_e^{FF}+1)\gamma_e^{FF}]\times\\ \begin{bmatrix}[(\tau^{FF}+r^{FF}-s)-\theta_r^{FF}\hat{\lambda}_r^{FF}(\upsilon-r^{FF}-\tau^{FF})]b_{re}^1+\\ [(\upsilon-\tau^{FF})-\theta_r^{FF}\hat{\lambda}_r^{FF}(\tau^{FF}-s)]g_{re}^1\end{bmatrix}+\\ (\theta_r^{FF}\hat{\lambda}_r^{FF}+1)\beta_r^{FF}\times\\ \begin{bmatrix}(\upsilon-r^{FF}-s)a_e+\\ [(\tau^{FF}-s)-\theta_e^{FF}\hat{\lambda}_e^{FF}(\upsilon-\tau^{FF})](b_{er}^1-b_{er}^2)+\\ [(\upsilon-r^{FF}-\tau^{FF})-\theta_e^{FF}\hat{\lambda}_e^{FF}(\tau^{FF}+r^{FF}-s)](g_{er}^1-g_{er}^2)\end{bmatrix}\end{bmatrix} \quad (4.34)$$

结合引理 4.3 的证明过程，可以得出：$\frac{\partial Q_e^{T,FF}}{\partial r^{FF}}<0$，$\frac{\partial Q_r^{T,FF}}{\partial r^{FF}}>0$，总订单量随着

利润分成的变化而变化。

综上所述，若保持其他参数不变，可以得出利润提成对订单量的影响$\frac{\partial Q_i^{T,k}}{\partial r^k}<0$，$\frac{\partial Q_j^{T,k}}{\partial r^k}>0$，$i$，$j=e$，$r$，$k=NF$，$FF$。证毕。

命题4.3表明，在 NF 和 FF 两种情境下，当单位产品的利润提成增加时，零售商可以从供应商处攫取更多的利润，所以零售商倾向于订购更多的产品。由于直销渠道和零售渠道在面对顾客需求时是替代关系，当零售渠道订单量增加时，直销渠道订单量减少。

4.3.2.4　转运价格对订单量的影响

下面研究在 FN、NF 和 FF 三种情境下，采用隐函数定理求解转运价格对订单量的影响，可以得出命题4.4。

命题4.4：当 $k=FN$，NF，FF 时，若保持其他参数不变，总订单量都随着转运价格增加而增加。

证明：采用隐函数定理求解转运价格对总订单量 $Q^{T,k}=Q_e^{T,k}+Q_r^{T,k}$ 的影响，$k=FN$，NF，FF。情境 FN 中，转运价格对总订单量的影响为：

$$\frac{\partial Q^{T,FN}}{\partial \tau^{FN}}=\frac{1}{J^{T,FN}}\begin{bmatrix}(\theta_e^{FN}\hat{\lambda}_e^{FN}+1)(\beta_e^{FN}+\gamma_e^{FN})\times[(v-s)a_r-(\tau^{FN}-s)b_{re}^2-(v-\tau^{FN})g_{re}^2]+\\(\beta_r^{FN}+\gamma_r^{FN})\times\begin{bmatrix}(v-s)a_e-[(\tau^{FN}-s)-\theta_e^{FN}\hat{\lambda}_e^{FN}(v-\tau^{FN})]b_{er}^2-\\{}[(v-\tau^{FN})-\theta_e^{FN}\hat{\lambda}_e^{FN}(\tau^{FN}-s)]g_{er}^2\end{bmatrix}\end{bmatrix} \tag{4.35}$$

结合引理4.1的证明过程，可以得出情境 FN 中，$\frac{\partial Q^{T,FN}}{\partial \tau^{FN}}>0$。同理，在情境 NF 和情境 FF 中，转运价格对总订单量的影响分别为：

$$\frac{\partial Q^{T,NF}}{\partial \tau^{NF}}=\frac{1}{J^{T,NF}}\left[\begin{array}{l}(\beta_e^{NF}+\gamma_e^{NF})\times\left[\begin{array}{l}(\upsilon-s)a_r-[(\upsilon-\tau^{NF})-\theta_r^{NF}\hat{\lambda}_r^{NF}(\tau^{NF}-s)]g_{re}^2-\\ [(\tau^{NF}+r^{NF}-s)-\theta_r^{NF}\hat{\lambda}_r^{NF}(\upsilon-r^{NF}-\tau^{NF})]b_{re}^2\end{array}\right]+\\ (\theta_r^{NF}\hat{\lambda}_r^{NF}+1)(\beta_r^{NF}+\gamma_r^{NF})\times[(\upsilon-s)a_e-(\upsilon-\tau^{NF})g_{er}^2-(\tau^{NF}-s)b_{er}^2]\end{array}\right] \tag{4.36}$$

$$\frac{\partial Q^{T,FF}}{\partial \tau^{FF}}=\frac{1}{J^{T,FF}}\left[\begin{array}{l}(\theta_e^{FF}\hat{\lambda}_e^{FF}+1)(\beta_e^{FF}+\gamma_e^{FF})\times\\ \left[\begin{array}{l}(\upsilon-s)a_r-[(\upsilon-\tau^{FF})-\theta_r^{FF}\hat{\lambda}_r^{FF}(\tau^{FF}-s)]g_{re}^2-\\ [(\tau^{FF}+r^{FF}-s)-\theta_r^{FF}\hat{\lambda}_r^{FF}(\upsilon-r^{FF}-\tau^{FF})]b_{re}^2\end{array}\right]+\\ (\theta_r^{FF}\hat{\lambda}_r^{FF}+1)(\beta_r^{FF}+\gamma_r^{FF})\times\\ \left[\begin{array}{l}(\upsilon-r^{FF}-s)a_e-[(\tau^{FF}-s)-\theta_e^{FF}\hat{\lambda}_e^{FF}(\upsilon-\tau^{FF})]b_{er}^2-\\ [(\upsilon-r^{FF}-\tau^{FF})-\theta_e^{FF}\hat{\lambda}_e^{FF}(\tau^{FF}+r^{FF}-s)]g_{er}^2\end{array}\right]\end{array}\right] \tag{4.37}$$

结合引理 4.2 和引理 4.3 的证明过程，可以得出在情境 NF 和情境 FF 中，均有$\frac{\partial Q^{T,NF}}{\partial \tau^{NF}}>0$，$\frac{\partial Q^{T,FF}}{\partial \tau^{FF}}>0$。证毕。

命题 4.4 表明，当转运价格提升时，若直销渠道缺货，供应商接受转运需要花费更高的成本；若零售渠道缺货，供应商实施转运可以获得更多的利润。以上两种情况都会促使供应商增加直销渠道订单量。同理，当转运价格提升时，零售商也会增加零售渠道订单量，于是总订单量增加。随着转运价格的提升，总订单量增加，双重边际效应得到缓解。

通过对以上四个命题进行比较可以看出，调整转运价格有可能实现双渠道供应链的协调。

4.3.3 双渠道供应链协调

分散式决策下，由于双重边际效应的存在，供应商和零售商各自追求自己的利润或效用。公平关切下，为了实现双渠道供应链协调，需保证 $Q^{T,k}=Q^*$，$k=$

FN，NF，FF，即采取库存转运时的总订单量与集中式决策下的最优订单量相等。

命题 4.5：当 $k=FN$，NF，FF 时，若保持其他参数不变，均存在唯一的协调转运价格 $\tau^{*,k}$ 使双渠道供应链总利润最大化，协调转运价格满足 $F_D[Q^{T,k}(\tau^{*,k})]=\frac{\upsilon-c}{\upsilon-s}$。

证明：分散式决策下，采取库存转运策略，双渠道供应链的总利润为：

$$\pi^{T,k}=E(p\min(D_e+D_r,\ Q_r^{T,k}+Q_e^{T,k})+s(Q_r^{T,k}+Q_e^{T,k}-D_e-D_r)-l(D_e+D_r-Q_r^{T,k}-Q_e^{T,k}))-c(Q_r^{T,k}+Q_e^{T,k}),\ k=FN,\ NF,\ FF \tag{4.38}$$

式(4.38)与式(4.1)的差别在于式(4.38)是转运价格的函数，是对转运价格求导，可得：

$$\frac{\partial \pi^{T,k}}{\partial \tau^k}=[(\upsilon-c)-(\upsilon-s)F_D(Q^{T,k})]\frac{\partial Q^{T,k}}{\partial \tau^k},\ k=FN,\ NF,\ FF \tag{4.39}$$

由于函数 $F_k(\cdot)$ 是增函数且结合命题 4.4 可知，总利润函数是凹函数。利润函数取得最大值时，满足 $\frac{\partial \pi^{T,k}}{\partial \tau^k}=0$。协调转运价格 $\tau^{*,k}$ 满足 $F_D[Q^{T,k}(\tau^{*,k})]=\frac{\upsilon-c}{\upsilon-s}$。证毕。

通过命题 4.5 可以看出，三种情境下，调整转运价格均可实现双渠道供应链的协调。由于无法从理论模型直接得出实现协调时的供应商和零售商的渠道公平效用，渠道成员的合作意愿以及协调的有效性和可实施性，将在数值分析部分进行具体研究。

4.4　算例分析

本章我们采用数值计算来研究三种不同情境下，转运价格对渠道订单量和利润的影响，对渠道成员的合作意愿以及协调的有效性和可实施性进行分析。判断渠道成员愿意合作并且可实施协调的依据是：在协调转运价格下，满足渠道的组织公平效用$f_i^{T,k}(\tau^{*,k})\geqslant 0$，$i=e$，$r$，$k=FN$，$NF$，$FF$。

假设直销渠道和零售渠道的需求均服从均匀分布 $D_i \sim U[0,\ 100]$，$i=e$，r。直销渠道和零售渠道的零售价格相等为$p=10$，每单位剩余库存的残值相等为$s=4$，每单位未满足需求的缺货成本相等为$l=2$。供应商每单位的生产成本为$c=5$，每单位的批发价为$w=7$，转运成本为0，转运价格相等且满足$4<\tau\leqslant 12$。根据Tsay和Agrawal(2004)设定$\theta_e^k=2$，$\theta_r^k=0.5$，即供应商和零售商都以未开展电子渠道时的供应链地位来设定利润分配比。采取库存转运时，相关的概率函数表达式如下：

$$\alpha_i^k(Q_i^k)=\begin{cases}\dfrac{1}{100}Q_i^k & 0<Q_i^k\leqslant 100\\ 1 & \text{其他}\end{cases}$$

$$\beta_i^k(Q_i^k,\ Q_j^k)=\begin{cases}\dfrac{1}{10000}\left(100Q_i^k-Q_i^kQ_j^k-\dfrac{1}{2}(Q_i^k)^2\right) & 0<Q_j^k\leqslant 100-Q_i^k\\ \dfrac{1}{20000}(100-Q_j^k)^2 & 100-Q_i^k<Q_j^k\leqslant 100\\ 0 & \text{其他}\end{cases}$$

$$\gamma_i^k(Q_i^k,\ Q_j^k)\begin{cases}\dfrac{1}{20000}(Q_j^k)^2 & 0<Q_j^k\leqslant 100-Q_i^k\\ \dfrac{1}{20000}(100-Q_i^k)(2Q_j^k+Q_i^k-100) & 100-Q_i^k<Q_j^k\leqslant 100\\ \dfrac{1}{20000}[(100-Q_i^k)(2Q_j^k+Q_i^k-100)-(Q_j^k-100)^2] & 100<Q_j^k\leqslant 200-Q_i^k\\ 0 & \text{其他}\end{cases}$$

集中式决策下，总需求分布函数为：

$$F_D(z)=\begin{cases}\dfrac{1}{20000}z^2 & 0<z\leqslant 100\\ \dfrac{1}{10000}\left(200z-\dfrac{1}{2}z^2-10000\right) & 100<z\leqslant 200\\ 1 & \text{其他}\end{cases}$$

集中式决策下，最优订单量为 $Q^*=150.000$。下面对分散式决策下各经济参数对渠道订单量和利润的影响进行分析。

表 4.2 为情境 FN 中订单量和相应的利润对转运价格的敏感性分析。从表 4.2 中可看出，当 $\hat{\lambda}_e^{FN}=0.100$，$\theta_e^{FN}=2.000$ 时，协调转运价格 $\tau^{*,FN}=10.214$。当 $\tau^{FN}\in$（7.000，10.670］时，只要实施转运，供应商的渠道公平效用总是大于 0，即供应商认为渠道公平。在协调转运价格 $\tau^{*,FN}=10.214$ 时，发现调整供应商的公平关切系数和渠道利润分配比，不会改变渠道订单量及供应链成员利润，只会影响供应商的渠道公平效用，且供应商的渠道公平效用始终大于 0。所以，供应商的公平关切和对渠道地位的期待，不会影响供应链的协调转运价格，零售商不用考虑供应商的公平关切。

表 4.2 情境 FN 中订单量和相应的利润对转运价格的敏感性分析

τ^{FN}	$Q_e^{T,FN}$	$Q_r^{T,FN}$	$Q^{T,FN}$	$\pi_e^{T,FN}$	$\pi_r^{T,FN}$	$f_e^{T,FN}$	$\pi^{T,FN}$
7.500	91.320	42.410	133.730	333.017	94.448	16.014	427.465
8.500	93.140	47.219	140.359	347.139	84.216	19.856	431.355
9.500	94.165	52.108	146.273	358.228	74.821	23.176	433.049
10.214	94.581	55.419	150.000	364.451	68.882	25.187	433.333
10.500	94.700	56.682	151.381	366.603	66.693	25.913	433.295

中国一些知名互联网品牌，作为上游供应商纷纷转向实体店市场。例如，箱包品牌“Emini”、服装品牌“Inman”、食品品牌“Three Squirrel”开设了实体店。加盟商和代理商依靠的是品牌制造商自身的客流和品牌优势。一些互联网品

牌甚至在与购物中心或跨领域实体店合作时实现了“零租金”。品牌制造商采用O2O模式进行产品销售，不仅有利于线上品牌的传播，还可以使线上线下客户双向引流，增加销量。制造商拥有强大的渠道优势和品牌优势，正是与零售商合作的基础。所以，仅供应商公平关切下，库存转运策略可以直接协调双渠道供应链。

表4.3为情境 NF 中订单量和相应的利润对转运价格的敏感性分析。从表4.3中可以看出，当 $\hat{\lambda}_r^{NF}=0.500$，$\theta_r^{NF}=0.500$，$r^{NF}=1.000$ 时，协调转运价格 $\tau^{*,NF}=10.288$。当转运价格较低时，供应商和零售商可以合作但不能实现协调，当转运价格较高时，零售商感知渠道不公平甚至影响到合作。在协调转运价格 $\tau^{*,NF}=10.288$ 时，发现调整零售商的公平关切系数和渠道利润分配比，不会影响渠道订单量及供应链成员利润，只会影响到零售商的公平关切效用。所以，在协调转运价格下，要想实现双渠道供应链协调，供应商必须考虑零售商的公平关切。

表4.3　情境 NF 中订单量和相应的利润对转运价格的敏感性分析

τ^{NF}	$Q_e^{T,NF}$	$Q_r^{T,NF}$	$Q^{T,NF}$	$\pi_e^{T,NF}$	$\pi_r^{T,NF}$	$f_r^{T,NF}$	$\pi^{T,NF}$
7.500	94.033	38.729	132.762	280.767	145.940	5.557	426.707
8.500	94.420	45.474	139.894	296.611	134.542	-13.764	431.153
9.500	94.324	51.601	145.925	308.239	124.753	-29.367	432.992
10.288	94.157	55.843	150.000	315.095	118.238	-39.309	433.333
10.400	94.133	56.406	150.539	315.939	117.388	-40.581	433.328

表4.4为情境 NF 中不同利润分成下最优协调价格及其利润。当 $\hat{\lambda}_r^{NF}=0.500$，$\theta_r^{NF}=0.500$，$r^{NF}\in[0.500，1.600]$ 时，随着单位利润分成的增加，供应商的利润下降，零售商的利润上升，最优协调转运价格上升。当利润分成较低时，协调转运价格也较低，零售商具有负的公平关切效用，感知渠道不公平甚至影响到合作。当利润分成较高时，协调转运价格也较高，既可以协调双渠道供应链，又可

以获得正的公平关切效用。零售商通过提高单位利润提成，可以在实现供应链协调的同时，获得更多的利润和公平关切效用。

表 4.4 情境 NF 中不同利润分成下最优协调价格及其利润

r^{NF}	$\tau^{*,NF}$	$Q_e^{T,NF}$	$Q_r^{T,NF}$	$Q^{T,NF}$	$\pi_e^{T,NF}$	$\pi_r^{T,NF}$	$f_r^{T,NF}$	$\pi^{T,NF}$
0.500	10.250	94.376	55.624	150.000	339.763	93.570	-76.311	433.333
1.000	10.288	94.157	55.843	150.000	315.095	118.238	-39.309	433.333
1.500	10.329	93.922	56.078	150.000	290.448	142.885	-2.339	433.333
1.600	10.337	93.873	56.127	150.000	285.521	147.812	5.052	433.333

制造商纷纷开展直销渠道，与下游零售商展开竞争，挤压了传统零售商的利润。在眼镜、家具等行业，零售商具有渠道优势，因为这些产品的销售在一定程度上取决于消费者的体验和零售商的服务。当品牌制造商作为上游供应商采用O2O模式进行产品销售时，零售商感知渠道不公平甚至影响到合作，所以，供应商必须考虑零售商的公平关切。仅零售商公平关切下，为了维持与零售商的合作且获得最优的供应链效率并实现协调：供应商可以在协调转运价格下，给予零售商一定的转移支付；或者选取一个对渠道地位期待较小和公平关切程度较低的零售商进行合作。转移支付须满足条件$\frac{\theta_r^{NF}\pi_e^{T,NF}(\tau^{*,NF})-\pi_r^{T,NF}(\tau^{*,NF})}{1+\theta_r^{NF}}<\Delta^{NF}$，才能保证使供应商获利而零售商感知渠道公平，从而实现双渠道供应链协调。零售商通过提高单位利润提成，可以在实现供应链协调时，获得更多的利润和公平关切效用。

表4.5为情境FF中订单量和相应的利润对转运价格的敏感性分析。从表4.5中可以看出，当$\hat{\lambda}_e^{FF}=0.100$，$\hat{\lambda}_r^{FF}=0.500$，$\theta_e^{FF}=2.000$，$\theta_r^{FF}=0.500$，$r^{FF}=0.100$时，协调转运价格$\tau^{*,FF}=10.218$。当$\tau^{FF}\in(7.000,\ 10.400]$时，供应商感知渠道公平，零售商感知渠道不公平。在协调转运价格$\tau^{*,FF}=10.218$时，发现调

整供应商的公平关切系数和渠道利润分配比，供应商的公平关切和对渠道地位期待会影响供应链的协调转运价格，也会影响供应商的公平关切效用。而零售商的公平关切和对渠道地位期待不会影响供应链的协调转运价格，只会影响到零售商的公平关切效用。供应商公平关切效用始终大于0，零售商公平关切效用始终小于0，要想实现双渠道供应链协调，供应商必须考虑零售商的公平关切。

表 4.5　情境 *FF* 中订单量和相应的利润对转运价格的敏感性分析

τ^{FF}	$Q_e^{T,FF}$	$Q_r^{T,FF}$	$Q^{T,FF}$	$\pi_e^{T,FF}$	$\pi_r^{T,FF}$	$f_e^{T,FF}$	$f_r^{T,FF}$	$\pi^{T,FF}$
7. 500	92. 083	39. 380	131. 463	325. 931	99. 681	14. 063	−63. 284	425. 612
8. 500	93. 600	45. 625	139. 226	341. 544	89. 300	18. 105	−81. 472	430. 845
9. 500	94. 313	51. 578	145. 890	353. 163	79. 823	21. 502	−96. 758	432. 986
10. 218	94. 555	55. 445	150. 000	359. 489	73. 844	23. 534	−105. 900	433. 333
10. 400	94. 596	56. 362	150. 958	360. 874	72. 441	23. 999	−107. 996	433. 315

表 4.6 为情境 *FF* 中不同利润分成下最优协调价格及其利润。当 $\hat{\lambda}_e^{FF}=0.100$，$\hat{\lambda}_r^{FF}=0.500$，$\theta_e^{FF}=2.000$，$\theta_r^{FF}=0.500$，$r^{FF}\in[0.100,\ 0.400]$ 时，随着单位利润分成的提升，供应商的利润下降，零售商的利润上升，最优协调转运价格上升。供应商感知渠道公平，零售商感知渠道不公平。零售商通过提高单位利润提成也无法改变零售商对渠道公平的感知程度。零售商提高利润提成，可以获得更多的利润和公平关切效用，但是零售商公平关切效用始终小于0。与仅零售商公平关切时不同，零售商提高单位利润提成的作用微乎其微。

表 4.6　情境 *FF* 中不同利润分成下最优协调价格及其利润

r^{FF}	$\tau^{*,FF}$	$Q_e^{T,FF}$	$Q_r^{T,FF}$	$Q^{T,FF}$	$\pi_e^{T,FF}$	$\pi_r^{T,FF}$	$f_e^{T,FF}$	$f_r^{T,FF}$	$\pi^{T,FF}$
0. 100	10. 2183	94. 555	55. 445	150. 000	359. 491	73. 842	23. 535	−105. 904	433. 333
0. 200	10. 2227	94. 529	55. 471	150. 000	354. 533	78. 801	21. 881	−98. 466	433. 333

续表

r^{FF}	$\tau^{*,FF}$	$Q_e^{T,FF}$	$Q_r^{T,FF}$	$Q^{T,FF}$	$\pi_e^{T,FF}$	$\pi_r^{T,FF}$	$f_e^{T,FF}$	$f_r^{T,FF}$	$\pi^{T,FF}$
0. 300	10. 2271	94. 502	55. 498	150. 000	349. 574	83. 759	20. 229	-91. 028	433. 333
0. 400	10. 2316	94. 475	55. 525	150. 000	344. 616	88. 717	18. 576	-83. 592	433. 333

天猫、苏宁、京东均开设了社区便利店，并采用 O2O 模式进行产品销售。供应商和零售商都有很大的优势。供应商拥有丰富的货源和客户流，零售商可以快速交付产品。为了促进供应商和零售商的合作，双方都注重渠道公平。我们发现供应商的公平问题影响协调转运价格。这是因为供应商除了渠道优势之外，还有货源优势。供应商为了维持与零售商的合作，获得最优的供应链效率并实现协调：可以在协调转运价格下给零售商一定的转移支付；或者选取一个对渠道地位期待较小和公平关切程度较低的零售商。情境 *FF* 中，转移支付须满足条件：$\frac{\theta_r^{FF}\pi_e^{T,FF}(\tau^{*,FF})-\pi_r^{T,FF}(\tau^{*})}{1+\theta_r^{FF}}<\Delta^{FF}<\frac{\pi_e^{T,FF}(\tau^{*,FF})-\theta_e^{FF}\pi_r^{T,FF}(\tau^{*,FF})}{1+\theta_e^{FF}}$，才能使供应商和零售商都感知渠道公平，从而实现协调。

通过以上分析可以看出，①情境 *FN* 中，供应商的公平关切和对渠道地位的期待不会影响协调转运价格，可以直接实施并实现双渠道供应链协调。②情境 *NF* 中，供应商为了维持与零售商的合作，获得最优的供应链效率并实现协调：可以在协调转运价格下给零售商一定的转移支付；或者选取一个对渠道地位期待较小和公平关切程度较低的零售商。零售商通过提高单位利润提成，可以在实现供应链协调时，获得更多的利润和公平关切效用。③情境 *FF* 中，供应商为了维持与零售商的合作，获得最优的供应链效率并实现协调：可以在协调转运价格下支付给零售商一定的转移支付；或者选取一个对渠道地位期待较小和公平关切程度较低的零售商。

4.5 本章小结

O2O 模式要求渠道成员之间合作更加紧密，拥有竞争优势的渠道成员常表现出公平关切行为倾向，在双渠道供应链背景下，有仅供应商公平关切、仅零售商公平关切和双方都公平关切三种不同的情境。在这三种不同的情境下，研究了 O2O 模式下直销渠道和零售渠道的最优订购决策，以及三种情境下实现双渠道供应链协调的条件。同时借助数值分析的方法，研究三种情境下转运策略的有效性和可实施性。

通过研究发现：三种情境下，直销渠道和零售渠道的订单量均存在纳什均衡解，均存在唯一的协调转运价格可实现双渠道供应链协调。通过理论分析并结合数值算例发现：仅供应商公平关切下，可以直接实施并实现双渠道供应链协调；仅零售商公平关切和双方都公平关切下，零售商感知渠道不公平甚至影响到合作，供应商为了维持与零售商的合作，获得最优的供应链效率并实现协调，可以在协调转运价格下给零售商一定的转移支付，或者选取一个对渠道地位期待较小和公平关切程度较低的零售商。仅零售商公平关切的情况下，零售商通过提高单位利润提成，可以在实现供应链协调的同时，获得更多的利润和公平关切效用。在双方都公平关切的情况下，零售商提高单位利润提成的作用微乎其微。

本章的主要贡献是：与邢伟等（2011）、Li 等（2016）结论类似，本章发现零售商的公平关切可能对供应商不利，供应商做决策时需要考虑零售商的公平关切。除此之外，本章还分析了仅供应商公平关切和双方都公平关切两种不同的情境下，公平关切对双渠道供应链相关决策的影响。与 Zhao 等（2016）的结论类似，发现公平关切下，库存转运策略也能实现双渠道供应链的协调。不同的是，调整零售商的公平关切系数，不会影响协调转运价格的选取以及实现协调时的渠道成员订单量及利润，只会影响零售商的公平关切效用，影响转运策略的有效性和可实施性。本章在仅供应商公平关切、仅零售商公平关切和双方都公平关切三种不同情境下，分析了转运策略的有效性和可实施性，给出一定的管理启示。

然而本章依然存在以下局限：第一，本章未考虑消费者在直销渠道和电子渠道之间的转移，消费者常因为自己的便利更换购物渠道。第二，本章假设渠道面对的需求相互独立，现实中线上线下的需求常存在交互影响，存在网络外部性。这些问题有待进一步开展研究。

5 总结与展望

5.1 研究总结

需求不确定性通常会导致零售商缺货或库存过剩的风险，这种供需不匹配现象往往导致供应链利润的严重损失。零售商采用库存转运策略来分担库存风险，可以消除或减少这种供需不匹配现象，提高客户服务水平和供应链效率。从整个供应链的持续运营来看，分销商或零售商可以将库存转运策略作为一种常态化机制，使同层级企业之间能够自发践行，同时能够与供应链上游企业长期协作，充分地发挥库存转运策略的优势。这样既能增加企业自身收益，又能增强供应链弹性，从而更好地应对供应链风险或不确定性，使企业能够尽可能抵御供应链中断或在中断后快速恢复运营。为了与供应链成员长期协作，充分发挥库存转运策略的优势，采取库存转运策略的零售商在做决策时不仅要考虑他们的直接利润，还要考虑其在经济群体中的地位，以及同层级企业和供应链上游企业如何回应他们的决策，零售商表现出公平关切行为倾向。在不确定需求下，当零售商采取库存转运策略时，引入公平关切研究相关的订购与转运决策以及供应链协调问题，获得的主要研究成果如下：

（1）研究同层级零售商相互转运时，公平关切对零售商订购决策与转运决策的影响。对两个相互转运的独立零售商组成的系统进行建模，在非对称和对称公平关切两种情境下，研究零售商的最优订购决策，并给出零售商愿意自发采取库存转运策略的条件。研究发现：两种情境下，两个零售商的订单量均存在纳什均衡解。当零售商面对不确定的需求做出订购决策时，零售商倾向于通过控制转运数量来实施转运并获得更多的主动权。结合理论分析和数值算例，给出零售商愿意自发采取库存转运策略的条件：非对称公平下，公平中性的零售商总是受益于库存转运，愿意自发地采取库存转运策略。公平关切的零售商通过提高自己的转运价格，也愿意自发地采取库存转运策略进行合作。在保证愿意采取库存转运进行合作的前提下，如果零售商公平关切损害了合作团队的绩效，可以通过降低公平中性零售商的转运价格来进行弥补。对称公平关切下，只有两个零售商完全对称时，才会愿意自发地采取库存转运策略。如果两个零售商公平关切损害了合作团队的总绩效，可以通过降低双方转运价格进行弥补。与完全理性决策相比，非对称和对称公平关切下的合作团队绩效下降。对称公平关切下，合作团队绩效最低。

（2）供应链环境下，当零售商之间采取库存转运策略时，研究公平关切对供应链订购决策与协调的影响。当两个零售商采取转运策略时，对一个制造商和两个独立且对称零售商组成的供应链系统进行建模，在制造商是价格接受者和价格制定者两种不同的情境下，分别研究公平关切的零售商的最优订购决策，以及公平关切和转运价格对供应链成员利润和供应链协调的影响。研究发现：当零售商采取库存转运策略时，无论完全竞争市场还是垄断竞争市场，由于零售商的公平关切，制造商的利润都下降。在完全竞争市场中，由于零售商公平关切，制造商的市场销售份额下降。在垄断竞争市场中，公平关切的零售商会通过谈判降低批发价，从制造商处攫取更多的利润。由于零售商之间采取库存转运策略，使零售商的公平关切不影响制造商的市场份额。通过理论分析和数值算例，揭示了在完全竞争市场中制造商不允许零售商转运和在垄断竞争市场中制造商鼓励零售商转运的内在机理。并且发现转运价格的提高，只能实现帕累托改进，使制造商和零售商的利润以及供应链总利润都上升，但是无法实现供应链协调。进一步指出制造商是否考虑零售商的公平关切，会直接影响供应链的总利润。若制造商不考虑零售商的公平关切，在保证合作的基础上，当制造商与零售商利润相等时，供应链利润最大。若制造商考虑零售商的公平关切，制造商可以给予零售商一定的转移支付，这样可以在保证合作的基础上提高供应链效率，获得帕累托改进。当批发价外生时，所需转移支付较少；当批发价内生时，所需转移支付较多。

（3）在双渠道供应链背景下，研究公平关切对双渠道供应链订购决策与协调的影响。O2O 模式要求渠道成员之间合作更加紧密，拥有竞争优势的渠道成员常表现出公平关切行为倾向，有仅供应商公平关切、仅零售商公平关切和双方都公平关切三种不同的情境。当双渠道之间采取库存转运策略时，对一个开展线上直销渠道的供应商和一个只开展线下传统渠道的零售商组成的双渠道供应链系统进行建模，在这三种不同的情境下，研究了 O2O 模式下直销渠道和零售渠道的最优订购决策，以及三种情境下实现双渠道供应链协调的条件。研究发现：三种情境下，直销渠道和零售渠道的订单量均存在纳什均衡解，均存在唯一的协调转运价格可实现双渠道供应链协调。通过理论分析并结合数值算例发现：仅供应商公平关切下，可以直接实施并实现双渠道供应链协调。仅零售商公平关切和双方都公平关切下，零售商感知渠道不公平甚至影响到合作，供应商为了维持与零售商的合作并获得最优的供应链效率以实现协调，可以在协调转运价格下给零售商一定的转移支付，或者选取一个对渠道地位期待较小和公平关切程度较低的零售商。仅零售商公平关切的情况下，零售商通过提高单位利润提成，可以在实现供应链协调的同时，获得更多的利润和公平关切效用。在双方都公平关切的情况下，零售商提高单位利润提成的作用微乎其微。

5.2 研究展望

当零售商采取库存转运策略时，引入公平关切，研究相关的订购与转运决策及供应链协调，展开了深入和系统的分析，并取得一些研究成果，但由于企业的行为与市场交互的复杂性，以及笔者时间、精力与能力有限，许多问题还有待于后续展开研究，主要有以下几个方面：

（1）当零售商采取库存转运策略时，经济主体其他行为对订购与转运决策以及供应链协调的影响也值得关注。已有大量工作围绕行为系统展开了丰富的研究，考虑了锚定效应、损失厌恶和参考依赖等行为因素，对转运系统中行为因素研究目前正处于起步阶段，有待后续展开研究。

（2）考虑库存转运与消费者购买转移行为的交互影响。在面临缺货时，本书仅考虑两个零售商或两个渠道之间的转运行为，而不考虑消费者转移行为。事实上，当一个零售商或一个渠道面临缺货时，一些顾客可能会转向其他零售商或渠道。

（3）拓展到对多个零售商或多渠道背景下进行研究。同一区域的市场上，往往存在多个零售商和多种渠道，当零售商之间和渠道之间采取库存转运策略时，研究公平关切对订购与转运决策以及供应链协调的影响，将提供更丰富的管理启示。

参考文献

[1] 毕功兵，瞿安民，梁樑．不公平厌恶下供应链的批发价格契约与协调[J]．系统工程理论与实践，2013，33（1）：134-140.

[2] 蔡建湖，周根贵，黄卫来．VMI下的两级供应链库存决策模型研究[J]．管理科学学报，2008，11（4）：104-111.

[3] 陈敬贤，陈于，施国洪．基于批发价契约的多零售商横向转载的供应链协调[J]．运筹与管理，2013，22（6）：123-131.

[4] 陈敬贤，王国华，梁樑．横向转载应对需求突变[J]．管理科学学报，2014，17（12）：27-37，92.

[5] 陈敬贤，王国华，梁樑．协调多零售商横向转载的收益共享契约[J]．中国管理科学，2013，21（3）：79-87.

[6] 丁川．基于完全理性和公平偏好的营销渠道委托代理模型比较研究[J]．管理工程学报，2014，28（1）：184-194.

[7] 杜少甫，杜婵，梁樑，刘天卓．考虑公平关切的供应链契约与协调[J]．管理科学学报，2010，13（11）：41-48.

[8] 杜少甫，梁樑，董骏峰，邱昊．考虑随机且可控提前期的时基补货发货策略[J]．管理科学学报，2009，12（6）：34-44.

[9] 杜少甫，朱贾昂，高冬，杜婵．Nash讨价还价公平参考下的供应链优化

决策［J］．管理科学学报，2013，16（3）：68-72，81.

［10］戢守峰，曹楚，黄小原．基于 CPFR 的协同补货方法［J］．东北大学学报（自然科学版），2007，28（7）：104-105.

［11］李波，侯棚文，李庆华．考虑供应链成员公平关切的双渠道供应链合作广告策略［J］．系统管理学报，2017，26（3）：562-568.

［12］李娟，黄培清，顾锋，陈国庆．基于供应链间品牌竞争的库存管理策略研究［J］．管理科学学报，2009，12（3）：71-76，101.

［13］李娟，张迪，沈厚才．具有公平感的零售商订购决策研究［J］．中国管理科学，2014，22（8）：90-99.

［14］李荣，刘璐，郑晓娜．供应商协助库存转运：基于企业实践的创新方法［J］．管理科学，2017，11（6）：92-103.

［15］李新然，何琦．双渠道销售差别定价闭环供应链协调应对生产成本扰动研究［J］．运筹与管理，2015，24（4）：41-51.

［16］李怡娜，徐学军．双分销渠道下短生命周期产品供应链转运策略［J］．计算机集成制造系统，2010，16（1）：155-164.

［17］刘云志，樊治平．模糊需求下考虑供应商公平偏好的 VMI 供应链协调［J］．系统工程理论与实践，2016，36（7）：1661-1675.

［18］孟庆峰，盛昭瀚，李真．基于公平偏好的供应链质量激励机制效率演化［J］．系统工程理论与实践，2012，32（11）：2394-2403.

［19］聂腾飞，何碧玉，杜少甫．考虑公平关切及其谈判破裂点的供应链运作［J］．管理科学学报，2017，20（10）：92-102.

［20］牛志勇，高维和，江若尘．公平偏好下的渠道成员价格决策及其动态检验［J］．管理科学，2013，26（1）：48-57.

［21］浦徐进，朱秋鹰，曹文彬．供应商公平偏好对零售商主导型供应链均衡策略的影响［J］．系统管理学报，2014，23（6）：876-882.

［22］浦徐进，诸葛瑞杰．过度自信和公平关切对装备制造业供应链联合研发绩效的影响［J］．管理工程学报，2017，31（1）：10-15.

［23］钱宇，陈剑．供应链中考虑下游转运的订货和定价决策研究［J］．中国管理科学，2008，16（1）：53-59.

［24］曲优，关志民，邱若臻，叶同．公平关切与损失规避对混合双渠道供应链订货策略的影响［J］．管理学报，2017，14（1）：129-138.

［25］邵婧．两层级分散决策供应链库存转运问题研究［J］．中国管理科学，2016，24（1）：76-81.

［26］石松，颜波，石平．考虑公平关切的自主减排低碳供应链决策研究［J］．系统工程理论与实践，2016，36（12）：3079-3091.

［27］唐润，彭洋洋．考虑时间和温度因素的生鲜食品双渠道供应链协调［J］．中国管理科学，2017，25（10）：62-71.

［28］汪传旭，许长延．两级供应链中短生命周期产品应急转运策略［J］．管理科学学报，2015，18（9）：61-71.

［29］汪传旭，许长延．两级供应链中供应中断情形下零售商转运策略［J］．中国管理科学，2015，23（2）：70-79.

［30］王先甲，周亚平，钱桂生．生产商规模不经济的双渠道供应链协调策略选择［J］．管理科学学报，2017，20（1）：17-31.

［31］王宣涛，张玉林．考虑顾客行为与零售商公平关切的易逝品定价与供应链协调研究［J］．管理工程学报，2015，29（1）：89-97.

［32］王玉燕，李璟．公平关切下基于网络平台销售、回收的E-闭环供应链的主导模式研究［J］．中国管理科学，2018，26（1）：139-151.

［33］吴晓志，陈宏，张俊，解东川．双因素扰动时易逝品双渠道供应链应急协调［J］．系统工程学报，2015，33（7）：37-42.

［34］邢伟，汪寿阳，赵秋红，华国伟．考虑渠道公平的双渠道供应链均衡

策略［J］．系统工程理论与实践，2011，31（7）：1249-1256.

［35］徐广业，但斌，肖剑．基于改进收益共享契约的双渠道供应链协调研究［J］．中国管理科学，2010，18（6）：59-64.

［36］徐琪，刘峥，汤兵勇．双渠道供应链库存协调合作策略［J］．系统工程，2015，33（3）：45-51.

［37］杨志强，石本仁，石水平．不公平厌恶偏好、股权结构与管理层薪酬激励效果——一个实验分析［J］．管理科学，2013，26（4）：46-59.

［38］易余胤，梁家密，谭燕菲．基于公平偏好的供应链延保服务模型研究［J］．系统工程理论与实践，2017，37（12）：3066-3078.

［39］张克勇，吴燕，侯世旺．具公平关切零售商的闭环供应链差别定价策略研究［J］．中国管理科学，2014，22（3）：51-58.

［40］赵秋红，朱少楠，李安楠．存在顾客购买转移的双分销渠道订货与库存转运策略［J］．系统工程理论与实践，2014，34（6）：1453-1461.

［41］郑本荣，杨超，杨珺，曹晓刚．闭环供应链的销售渠道选择与协调策略研究［J］．系统工程理论与实践，2016，36（5）：1180-1192.

［42］周艳菊，鲍茂景，陈晓红，徐选华．基于公平关切的低碳供应链广告合作—减排成本分担契约与协调［J］．中国管理科学，2017，25（2）：121-129.

［43］朱晓东，吴冰冰，王哲．双渠道回收成本差异下的闭环供应链定价策略与协调机制［J］．中国管理科学，2017，25（12）：188-196.

［44］Adams S J. Inequity in social exchange［M］. New York，Academic Press，1965.

［45］Agrawal V，Chao X，Seshadri S. Dynamic balancing of inventory in supply chains［J］. European Journal of Operational Research，2004，159（5）：296-317.

［46］Akkermans H，Bogerd P，van Doremalen J. Travel，transparency and trust：A case study of computer-supported collaborative supply chain planning in high-tech electronics [J] . European Journal of Operational Research, 2004, 153 (2): 445-456.

[47] Allen S G. A redistribution model with set-up charge [J] . Management Science, 1961, 8 (1): 99-108.

[48] Allen S G. Computation for the redistribution model with set-up charge [J] . Management Science, 1962, 8 (4): 482-489.

[49] Allen S G. Redistribution of total stock over several user locations [J] . Naval Research Logistics Quarterly, 1958, 5 (4): 51-59.

[50] Alptekinoglu A, Tang C S. A model for analyzing multi-channel distribution systems [J] . European Journal of Operational Research, 2005, 163 (3): 802-824.

[51] Ambrose M L, Schminke M. The role of overall justice judgments in organizational justice research: A test of mediation [J] . Journal of Applied Psychology, 2009, 94 (2): 491-500.

[52] Anderson E, Weitz B. The use of pledges to build and sustain commitment in distribution channels [J] . Journal of Marketing Research, 1992, 29 (1): 18-34.

[53] Anupindi R, Bassok Y. Centralization of stocks: Retailers vs. manufacturer [J] . Management Science, 1999, 45 (2): 178-191.

[54] Anupindi R, Bassok Y, Zemel E. A general framework for the study of decentralized distribution system [J] . Manufacturing & Science Operations Management, 2001, 3 (4): 349-368.

[55] Arya A, Mittendorf B, Sappington D E. The bright side of supplier encroachment [J] . Marketing Science, 2007, 26 (5): 651-659.

[56] Aryee S, Walumbwa F O, Mondejar R, Chu C W L. Accounting for the

in? uence of overall justice on job performance: Integrating self-determination and social exchange theories [J]. Journal of Management Studies, 2015, 52 (2): 231-252.

[57] Aviv Y. Gaining benefits from joint forecasting and replenishment processes: The case of auto-correlated demand [J]. Manufacturing and Service Operations Management, 2002, 4 (9): 55-74.

[58] Aviv Y. On the benefits of collaborative forecasting partnerships between retailers and manufacturers [J]. Management Science, 2005, 53 (5): 777-794.

[59] Aviv Y. The effect of collaborative forecasting on supply chain performance [J]. Management Science, 2001, 47 (10): 1326-1443.

[60] Barclay L J, Kiefer T. Approach or avoid? Exploring overall justice and the differential effects of positive and negative emotions [J]. Journal of Management, 2014, 40 (7): 1857-1898.

[61] Bendoly E, Blocher D, Bretthauer K M, Venkataramanan M A. Service and cost benefits through clicks-and-mortar integration: Implications for the centralization/decentralization debate [J]. European Journal of Operational Research, 2007, 180 (1): 426-442.

[62] Bernstein F, Chen F R, Federgruen A. Coordinating supply chains with simple pricing schemes: The role of vendor-managed inventories [J]. Management Science, 2006, 52 (10): 1483-1492.

[63] Bies R J, Moag J S. Interactional justice: Communication criteria of fairness [J]. Research on Negotiation in Organizations, 1986, 1 (5): 43-55.

[64] Bolton G E, Ockenfels A. ERC: A theory of equity, reciprocity, and competition [J]. American Economic Review, 2000, 90 (1): 166-193.

[65] Boyaci T. Competitive stocking and coordination in a multiple-channel dis-

tribution system [J]. IIE Transtraction, 2005, 37 (5): 407-427.

[66] Brynjolfsson E, Hu Y, Rahman M S. Battle of the retail channels: How product selection and geography drive cross-channel competition [J]. Management Science, 2009, 55 (11): 1755-1765.

[67] Cachon G P, Swinney R. The value of fast fashion: Quick response, enhanced design, and strategic consumer behavior [J]. Management Science, 2011, 57 (4): 778-795.

[68] Caliskan-Demirag O, Chen Y H, Li J B. Channel coordination under fairness concerns and nonlinear demand [J]. European Journal of Operational Research, 2010, 207 (2): 1321-1326.

[69] Cao E B. Coordination of dual-channel supply chains under demand disruptions management decisions [J]. International Journal of Production Research, 2014, 52 (23): 7114-7131.

[70] Cattani K D, Gilland W G, Heese H S, Swaminathan J M. Pricing strategy for a manufacturer adding a direct channel that competes with the traditional channel [J]. Production Operation Management, 2006, 15 (1): 40-56.

[71] Cetinkaya S, Lee C Y. Stock replenishment and shipment scheduling for vendor managed inventory [J]. Management Science, 2000, 46 (7): 217-232.

[72] Chang T H, Fu H P, Lee W I, Lin Y C, Hsueh H C. A study of an augmented CPFR model for the 3C retail industry [J]. Supply Chain Management-An International Journal, 2007, 12 (3): 200-209.

[73] Chen K Y, Kaya M, Özer Ö. Dual sales channel management with service competition [J]. Manufacturing & Service Operations Management, 2008, 10 (4): 654-675.

[74] Cheung K, Lee H. The inventory benefit of shipment coordination and stock

rebalancing in a supply chain [J]. Marketing Science, 2002, 48 (2): 300-306.

[75] Chiang W K, Chhajed D, Hess J D. Direct marketing, indirect profits: A strategic analysis of dual-channel supply-chain design [J]. Management Science, 2003, 49 (1): 1-20.

[76] Chiang W Y K. Product availability in competitive and cooperative dual-channel distribution with stock-out based substitution [J]. European Journal of Operational Research, 2010, 200 (1): 111-126.

[77] Choi T M. Impacts of retailer's risk averse behaviors on quick response fashion supply chain systems [J]. Annals of Operation Research, 2018, 268 (2): 239-257.

[78] Choi T M. Local sourcing and fashion quick response system: The impacts of carbon footprint tax [J]. Transportation Research Part E-Logistics and Transportation Review, 2013, 55 (4): 43-54.

[79] Christopher M, Peck H. Building the resilient supply chain [J]. International Journal of Logistics Management, 2004, 15 (2): 1-14.

[80] Comez N, Stecke K E, Cakanyildirim M. In-season transshipments among competitive retailers [J]. Manufacturing & Science Operations Management, 2012, 14 (2): 290-300.

[81] Cui T H, Raju J S, Zhang Z J. Fairness and channel coordination [J]. Management Science, 2007, 53 (8): 1303-1314.

[82] David A, Adida E. Competition and coordination in a two-channel supply chain [J]. Production and Operations Management, 2015, 24 (8): 1358-1370.

[83] Disney S M, Towill D R. The effect of vendor managed inventory (VMI) dynamics on the bullwhip effect in supply chains [J]. International of Production Economics, 2003, 85 (2): 199-215.

[84] Dong L, Rudi N. Who benefits from transshipment? Exogenous vs. endogenous wholesale prices [J]. Management Science, 2004, 50 (5): 645-657.

[85] Donohue K. Efficient supply contracts for fashion goods with forecast updating and two production modes [J]. Management Science, 2000, 46 (11): 1397-1411.

[86] Fahimnia B, Tang C S, Davarzani H, Sarkisd J. Quantitative models for managing supply chain risks: A review [J]. European Journal of Operation Research, 2015, 247 (1): 1-15.

[87] Fehr E, Schmidt K M. A theory of fairness, competition, and cooperation [J]. Quarterly Journal of Economics, 1999, 114 (3): 817-868.

[88] Feng L P, Govindan K, Li C F. Strategic planning: Design and coordination for dual-recycling channel reverse supply chain considering consumer behavior [J]. European Journal of Operational Research, 2017, 260 (2): 601-612.

[89] Fiksel J, Polyviou M, Croxton K L, Pettit K J. From risk to resilience: Learning to deal with disruption [J]. MIT Sloan Management Review, 2015, 56 (2): 79-86.

[90] Fisher M, Raman A. Reducing the cost of demand uncertainty through accurate response [J]. Operations Research, 1996, 44 (6): 87-99.

[91] Fisher M L. What is the right supply chain for your product [J]. Harvard Business Review, 1997, 75 (1): 105-116.

[92] Forman C, Ghose A, Goldfarb A. Competition between local and electronic markets: How the benefit of buying online depends on where you live [J]. Management Science, 2009, 55 (1): 47-57.

[93] Frazier G L. Interorganizational exchange behavior in marketing channels: A

broadened perspective [J] . Journal of Marketing, 1983, 47 (3): 68-78.

[94] Gallino S, Moreno A. Integration of online and offline channels in retail the impact of sharing reliable inventory availability information [J] . Management Science, 2014, 60 (6): 1434-1451.

[95] Gallino S, Moreno A, Stamatopoulos I. Channel integration, sales dispersion, and inventory management [J] . Management Science, 2017, 63 (9): 2813-2831.

[96] Gao F, Su X M. Omnichannel service operations with online and offline self-order technologies [J] . Management Science, 2018, 64 (8): 3595-3608.

[97] Gerchak Y, Wang Y. Revenue-sharing vs. wholesale-price contracts in assembly systems with random demand [J] . Production and Operations Management, 2004, 13 (1): 23-33.

[98] Granot D, Sošic G. A three stage model for a decentralized distribution system of retailers [J] . Operations Research, 2003, 51 (5): 771-784.

[99] Griffith D A, Harvey M J, Lusch R F. Social exchange in supply chain relationships: The resulting benefits of procedural and distributive justice [J] . Journal of Operations Management, 2006, 24 (1): 85-98.

[100] Gross D. Centralized inventory control in multilocation supply systems [M] . Stanford, CA, Stanford University Press, 1963.

[101] Gurnani H, Tang C S. Note: Optimal ordering decisions with uncertain cost and demand forecast updating [J] . Management Science, 1999, 45 (3): 1456-1462.

[102] Ha A, Long X Y, Nasiry J. Quality in supply chain encroachment [J] . Manufacturing & Service Operations Management, 2016, 18 (2): 280-298.

[103] Heide J B, John G. The role of dependence balancing in safeguarding

transaction-specific assets in conventional channels [J] . Journal of Marketing, 1988, 52 (1): 20-35.

[104] Herer Y, Rashit A. Lateral stock transshipments in a two-location inventory system with fixed and joint replenishment costs [J] . Naval Research Logistics, 1999, 46 (5): 525-547.

[105] Herer Y T, Tzur M. The dynamic transshipment problem [J] . Naval Research Logistics, 2001, 48 (9): 386-408.

[106] Hill C A, Zhang G P, Miller K E. Collaborative planning, forecasting, and replenishment & firm performance: An empirical evaluation [J] . International Journal of Production Economics, 2018, 196 (5): 12-23.

[107] Ho T H, Su X. Peer-induced fairness in games [J] . American Economic Review, 2009, 99 (5): 2022-2049.

[108] Ho T H, Su X, Wu Y. Distributional and peer-induced fairness in supply chain contract design [J] . Production and Operations Management, 2014, 23 (2): 161-175.

[109] Ho T H, Zhang J J. Designing pricing contracts for boundedly rational customers: Does the framing of the fixed fee matter [J] . Management Science, 2008, 54 (4): 686-700.

[110] Homans G C. Social behavior: Its elementary forms [M] . New York, Harcourt Brace & World, 1961.

[111] Hu X, Duenyas I, Kapuscinski R. Existence of coordinating transshipment prices in a two-location inventory problem [J] . Management Science, 2007, 53 (8): 1289-1302.

[112] Hu B Y, Meng C, Xu D, Son Y J. Supply chain coordination under vendor managed inventory-consignment stocking contracts with wholesale price constraint

and fairness [J] . International Journal of Production Economics, 2018, 202 (1): 21-31.

[113] Huang X, Sošic G. Transshipment of inventories: Dual allocation vs. transshipment prices [J] . Manufacturing & Service Operations Management, 2010, 12 (2): 299-318.

[114] Iyer A, Bergen M E. Quick response in manufacturing-retailer channels [J] . Management Science, 1997, 43 (6): 559-570.

[115] Ji X, Sun J, Wang Z. Turn bad into good: Using transshipment-before-buyback for disruptions of stochastic demand [J] . International Journal of Production Economics, 2017, 185 (3): 150-161.

[116] Kahneman D, Knetsch J L, Thaler R. Fairness and the assumptions of e-conomics [J] . Journal of Business, 1986, 59 (4): 285-300.

[117] Kahneman D, Tversky A. Prospect theory: An analysis of decision under risk [J] . Econometrica: Journal of the Econometric Society, 1979, 47 (2): 263-291.

[118] Karmarkar U, Patel N. The one-period, N-location distribution problem [J] . Naval Research Logistics, 1977, 24 (4): 559-575.

[119] Karmarkar U. The multiperiod multilocation inventory problem [J] . Operations Research, 1980, 29 (2): 215-228.

[120] Katok E, Olsen T, Pavlov V. Wholesale pricing under mild and privately known concerns for fairness [J] . Production and Operations Management, 2014, 23 (2): 285-302.

[121] Katok E, Pavlov V. Fairness in supply chain contracts: A laboratory study [J] . Journal of Operations Management, 2013, 31 (3): 129-137.

[122] Katok E, Villa S. Centralized or decentralized transfer prices: A behavior-

al approach for improving supply chain coordination [J] . Manufacturing & Service Operations Management, 2022, 24 (1): 143-158.

[123] Krishnan K S, Rao V R K. Inventory control in N warehouses [J] . Journal of Industrial Engineering, 1965, 16 (13): 212-215.

[124] Kumar N. The power of trust in manufacturer - retailer relationships [J] . Harvard Business Review, 1996, 74 (6): 92-107.

[125] Kumar N, Scheer L K, Steenkamp J E M. The effects of supplier fairness on vulnerable resellers [J] . Journal of Marketing Research, 1995, 32 (1): 54-65.

[126] Lariviere M A, Porteus E L. Selling to the newsvendor: An analysis of price-only contracts [J] . Manufacturing & Service Operation Management, 2001, 3 (4): 293-305.

[127] Lee H L, Padmanabhan V, Whang S. Information distortion in a supply chain: The bullwhip effect [J] . Management Science, 1997, 43 (4): 546-548.

[128] Lee H L, Padmanabhan V, Whang S. The bullwhip effect in supply chains [J] . Sloan Management Review, 1997, 38 (6): 93-102.

[129] Li Q H, Li B. Dual-channel supply chain equilibrium problems regarding retail services and fairness concerns [J] . Applied Mathematical Modelling, 2016, 40 (3): 7349-7367.

[130] Li Q Q, Xiao T J, Qiu Y Z. Price and carbon emission reduction decisions and revenue-sharing contract considering fairness concerns [J] . Journal of Cleaner Production, 2018, 190 (6): 303-314.

[131] Li T T, Xie J X, Zhao X B, Tang J F. On supplier encroachment with retailer' s fairness concerns [J] . Computers & Industrial Engineering, 2016, 98 (2): 499-512.

[132] Li R, Ryan J K, Zeng Z. Coordination in a single-supplier, multi-retail-

er distribution system: Supplier-facilitated transshipments [J]. Production and Operations Management, 2017, 26 (5): 784-801.

[133] Li S, Chen K Y. The Commitment conundrum of inventory sharing [J]. Production and Operations Management, 2020, 29 (2): 353-370.

[134] Li S, Karande K, Zhou D. The effect of the governance environment on marketing channel behaviors: The diamond industries in the U. S., China, and Hong Kong [J]. Journal of Business Ethics, 2009, 88 (3): 453-471.

[135] Li Z X, Gilbert S M, Lai G M. Supplier encroachment under asymmetric information [J]. Management Science, 2014, 60 (2): 449-462.

[136] Liang C, Sethi S P, Shi R, Zhang J. Inventory sharing with transshipment: Impacts of demand distribution shapes and set up costs [J]. Production Operations Management, 2014, 23 (10): 1779-1794.

[137] Liu Y, Huang Y, Luo Y, Zhao Y. How does justice matter in achieving buyer-supplier relationship performance [J]. Journal of Operations Management, 2012, 30 (5): 355-367.

[138] Loch C H, Wu Y. Social preferences and supply chain performance: An experimental study [J]. Management Science, 2008, 54 (11): 1835-1849.

[139] Luo Y. How important are shared perceptions of procedural justice in cooperative alliances? [J]. Academy of Management Journal, 2005, 48 (4): 695-709.

[140] Luo Y. The independent and interactive roles of procedural, distributive, and interactional justice in strategic alliances [J]. Academy of Management Journal, 2007, 50 (3): 644-664.

[141] Luo Y. Toward the micro-and macro-level consequences of interactional justice in cross-cultural joint ventures [J]. Human Relations, 2006, 59 (8): 1019-1047.

[142] Luo Y. Procedural fairness and interfirm cooperation in strategic alliances [J]. Strategic Management Journal, 2008, 29 (1): 27-46.

[143] Mahar S, Bretthauer K M, Venkataramanan M A. The value of virtual pooling in dual sales channel supply chains [J]. European Journal of Operational Research, 2009, 192 (6): 561-575.

[144] Melnyk S A, Closs D J, Griffis S E, Zobel C W, Macdonald J R. Understanding supply chain resilience [J]. Supply Chain Management Review, 2014, 18 (1): 34-41.

[145] Nie T F, Du S F. Dual-fairness supply chain with quantity discount contracts [J]. European Journal of Operational Research, 2014, 258 (2): 491-500.

[146] Panahifar F, Byrne P J, Heavey C. ISM analysis of CPFR implementation barriers [J]. International Journal of Production Research, 2018, 196 (5): 12-23.

[147] Paterson C, Kiesmüller G, Teunter R, Glazebrook K. Inventory models with lateral transshipments: A review [J]. European Journal of Operational Research, 2011, 210 (2): 125-136.

[148] Rabin M. Incorporating fairness into game theory and economics [J]. American Economic Review, 1993, 83 (5): 1281-1302.

[149] Robinson L. Optimal and approximate policies in multipleriod multilocation inventory models with transshipments [J]. Operations Research, 1990, 38 (2): 278-295.

[150] Rudi N, Kapur S, Pyke D F. A two-location inventory model with transshipment and local decision making [J]. Management Science, 2001, 47 (12): 1668-1680.

[151] Seifert R W, Thonemann U W, Sieke M A. Relaxing channel separation:

Integrating a virtual store into the supply chain via transshipments [J] . IIE Transactions, 2006, 38 (11): 917-931.

[152] Shao J, Krishnan H, Mccormock S T. Incentives for transshipment in a supply chain with decentralized retailers [J] . Manufacturing & Service Operations Management, 2011, 13 (3): 361-372.

[153] Sošic G. Transshipment of inventories among retailers: Myopic vs. farsighted stability [J] . Management Science, 2006, 52 (10): 1493-1508.

[154] Tagaras G. Effects of pooling on the optimization and service levels of two-location inventory systems [J] . IIE Transactions, 1989, 21 (3): 250-257.

[155] Thibaut J, Walker L. Procedural justice: A psychological analysis [M] . Hillsdale, 1975.

[156] Tsay A A, Agrawal N. Channel Conflict and coordination in the E-Commerce age [J] . Production and Operations Management, 2004, 13 (1): 93-110.

[157] Tyler T R, Bies R J. Beyond formal procedures: The interpersonal context of procedural justice [M] . Hillsdale, Management Erlbaum, 1990.

[158] Villa S, Castañeda J A. Transshipments in supply chains: A behavioral investigation [J] . European Journal of Operational Research, 2018, 269 (2): 715-729.

[159] Wang Y L, Zhang J L, Cheng T C E, Hua G W. Quick response under strategic consumers with risk preference and decreasing valuation [J] . International Journal of Production Research, 2018, 56 (1): 72-85.

[160] Wu X, Niederhoff J A. Fairness in selling to the newsvendor [J] . Production and Operations Management, 2014, 23 (11): 2002-2022.

[161] Xu G Y, Dan B, Zhang X M, Liu C. Coordinating a dual-channel supply chain with risk-averse under a two-way revenue sharing contract [J] . International

Journal of Production Economics, 2014, 147 (1): 171-179.

[162] Xu J T, Qi Q, Bai Q G. Coordinating a dual-channel supply chain with price discount contracts under carbon emission capacity regulation [J]. Applied Mathematical Modelling, 2018, 56 (8): 449-468.

[163] Xu L, Wang C X, Zhao J J. Decision and coordination in the dual-channel supply chain considering cap-and-trade regulation [J]. Journal of Cleaner Production, 2018, 197 (5): 551-561.

[164] Yao Y, Kohli R, Sherer S A, Cederlund J. Learning curves in collaborative planning, forecasting, and replenishment (CPFR) information systems: An empirical analysis from a mobile phone manufacturer [J]. Journal of Operations Management, 2013, 31 (6): 285-297.

[165] Zhang J. Transshipment and its impact on supply chain members' performance [J]. Management Science, 2005, 51 (10): 1534-1539.

[166] Zhang P, Xiong Y, Xiong Z K. Coordination of a dual-channel supply chain after demand or production cost disruptions [J]. International Journal of Production Research, 2015, 53 (10): 3141-3160.

[167] Zhao F G, Wu D S, Liang L, Alexandre D. Lateral inventory transshipment problem in online-to-offline supply chain [J]. International Journal of Production Research, 2016, 54 (7): 1951-1963.

[168] Zhao H, Xu L, Siemsen E. Inventory sharing and demand-side underweighting [J]. Manufacturing & Service Operations Management, 2021, 23 (5): 1217-1236.

[169] Zhao X, Atkins D. Transshipment between competing retailers [J]. IIE Transaction, 2009, 41 (8): 665-676.

[170] Zhou Y J, Bao M J, Chen X H, et al. Co-op advertising and emission

reduction cost sharing contracts and coordination in low-carbon supply chain based on fairness concerns [J] . Journal of Cleaner Production, 2016, 133 (5): 402-413.

[171] Zhou Y J, Ye X. Differential game model of joint emission reduction strategies and contract design in a dual-channel supply chain [J] . Journal of Cleaner Production, 2018, 190 (10): 592-607.

[172] Zou L, Dresner M, Windle R. A two-location inventory model with transshipments in a competitive environment [J] . International Journal of Production Economics, 2010, 125 (2): 235-250.

附　录

附录1　引理2.2证明

情境 FF 中，由式（2.5）可得隐函数表达式为：

$$F'(\lambda'_i,\ \lambda'_j,\ Q_i,\ Q_j)=(1+\lambda'_i)(v_i-s_i)\alpha_i-[(1+\lambda'_i)(c_{ij}-s_i-\tau_{ij})-\lambda'_i(v_j-c_{ij})]\beta_i+[(1+\lambda'_i)(v_i-c_{ji})-\lambda'_i(c_{ji}-s_j-\tau_{ji})]\gamma_i-(1+\lambda'_i)(v_i-c) \tag{A.1}$$

$$G'(\lambda'_i,\ \lambda'_j,\ Q_i,\ Q_j)=(1+\lambda'_j)(v_j-s_j)\alpha_j-[(1+\lambda'_j)(c_{ji}-s_j-\tau_{ji})-\lambda'_j(v_i-c_{ji})]\beta_j+[(1+\lambda'_j)(v_j-c_{ij})-\lambda'_j(c_{ij}-s_i-\tau_{ij})]\gamma_j-(1+\lambda'_j)(v_j-c) \tag{A.2}$$

由式(A.1)可得反应函数为：

$$\frac{\partial Q_i}{\partial Q_j}=-\frac{[c_{ij}-s_i-\tau_{ij}-\hat{\lambda}'_i(v_j-c_{ij})]b_{ij}^1+(v_i-c_{ji}-\hat{\lambda}'_i(c_{ji}-s_j-\tau_{ji}))g_{ij}^1}{(v_i-s_i)a_i+[c_{ij}-s_i-\tau_{ij}-\hat{\lambda}'_i(v_j-c_{ij})](b_{ij}^1-b_{ij}^2)+[v_i-c_{ji}-\hat{\lambda}'_i(c_{ji}-s_j-\tau_{ji})](g_{ij}^1-g_{ij}^2)}$$

由 $(c_{ij}-s_i-\tau_{ij}-\hat{\lambda}'_i(v_j-c_{ij}))\geqslant 0$，可得 $c_{ij}\geqslant\dfrac{(s_i+\tau_{ij})+\hat{\lambda}'_i v_j}{1+\hat{\lambda}'_i}$。

由 $(v_i-c_{ji}-\hat{\lambda}'_i(c_{ji}-s_j-\tau_{ji}))\geqslant 0$，可得 $c_{ji}\leqslant\dfrac{v_i+\hat{\lambda}'_i(s_j+\tau_{ji})}{1+\hat{\lambda}'_i}$。

由于 $a_i>b_{ij}^2$，$a_i>g_{ij}^2$，以及三角不等式 $c_{ji}\geqslant c_{ij}-\tau_{ij}$，我们可以得到分母中一部分表达式有以下性质：

$$(v_i-s_i)a_i+[c_{ij}-s_i-\tau_{ij}-\hat{\lambda}'_i(v_j-c_{ij})](-b_{ij}^2)+[v_i-c_{ji}-\hat{\lambda}'_i(c_{ji}-s_j-\tau_{ji})](-g_{ij}^2)>$$

$$\{c_{ji}-(c_{ij}-\tau_{ij})+[\hat{\lambda}'_i(v_j-c_{ij})+\hat{\lambda}'_i(c_{ji}-s_j-\tau_{ji})]\}a_i\geqslant 0$$

只要转运价格满足$\frac{\hat{\lambda}'_i v_j+(s_i+\tau_{ij})}{1+\hat{\lambda}'_i}\leqslant c_{ij}\leqslant v_j$和$\tau_{ji}+s_j\leqslant c_{ji}\leqslant\frac{v_i+\hat{\lambda}'_i(s_j+\tau_{ji})}{1+\hat{\lambda}'_i}$则有$\frac{\partial Q_i}{\partial Q_j}<0$和$\left|\frac{\partial Q_i}{\partial Q_j}\right|<1$。

由式(A.2)可得反应函数为：

$$\frac{\partial Q_j}{\partial Q_i}=-\frac{[(v_j-c_{ij})-\hat{\lambda}'_j(c_{ij}-s_i-\tau_{ij})]g_{ji}^1+[(c_{ji}-s_j-\tau_{ji})-\hat{\lambda}'_j(v_i-c_{ji})]b_{ji}^1}{(v_j-s_j)a_j+[(v_j-c_{ij})-\hat{\lambda}'_j(c_{ij}-s_i-\tau_{ij})](g_{ji}^1-g_{ji}^2)+[(c_{ji}-s_j-\tau_{ji})-\hat{\lambda}'_j(v_i-c_{ji})](b_{ji}^1-b_{ji}^2)}$$

同理，只要转运价格满足$\frac{\hat{\lambda}'_j v_i+(s_j+\tau_{ji})}{1+\hat{\lambda}'_j}\leqslant c_{ji}\leqslant v_i$和$\tau_{ij}+s_i\leqslant c_{ij}\leqslant\frac{v_j+\hat{\lambda}'_j(s_i+\tau_{ij})}{1+\hat{\lambda}'_j}$，则有$\frac{\partial Q_j}{\partial Q_i}<0$和$\left|\frac{\partial Q_j}{\partial Q_i}\right|<1$。

对转运价格的取值范围求交集，可以得出，情境 *FF* 中，只要转运价格满足$c_{ij}^{FF}\in\left[\frac{(s_i+\tau_{ij})+\hat{\lambda}'_i v_j}{1+\hat{\lambda}'_i},\ \frac{v_j+\hat{\lambda}'_j(s_i+\tau_{ij})}{1+\hat{\lambda}'_j}\right]$，$i$，$j=1$，2，两个零售商的订单量均存在唯一的纳什均衡。最初订单量(Q_1^{FF}，Q_2^{FF})由两个零售商效用函数的一阶条件联立可得。证毕。

附录 2　引理 3.1 证明

由式(3.6)和式(3.7)可得反应函数分别为：

$$\frac{\partial Q_i}{\partial Q_j}=-\frac{(\rho-s-\tau)b_{ij}^1+(v-\rho)g_{ij}^1}{(v-s)a_i+(\rho-s-\tau)(b_{ij}^1-b_{ij}^2)+(v-\rho)(g_{ij}^1-g_{ij}^2)}$$

$$\frac{\partial Q_j}{\partial Q_i}=-\frac{(v-\rho)g_{ji}^1+(\rho-s-\tau)b_{ji}^1}{(v-s)a_j+(v-\rho)(g_{ji}^1-g_{ji}^2)+(\rho-s-\tau)(b_{ji}^1-b_{ji}^2)}$$

只要转运价格满足$\rho\in[s+\tau,\ v]$，则有$\frac{\partial Q_i}{\partial Q_j}<0$，$\left|\frac{\partial Q_i}{\partial Q_j}\right|<1$，$\frac{\partial Q_j}{\partial Q_i}<0$，$\left|\frac{\partial Q_j}{\partial Q_i}\right|<1$。

两个零售商的订单量存在唯一的纳什均衡。最优订单量为(Q_1，Q_2)，由两个零售商效用函数的一阶条件联立可得。证毕。

附录3　引理4.1证明

由式(4.10)可得反应函数为：

$$\frac{\partial Q_e^{T,FN}}{\partial Q_r^{T,FN}}=-\frac{((\tau^{FN}-s)-\theta_e^{FN}\hat{\lambda}_e^{FN}(\upsilon-\tau^{FN}))b_{er}^1+((\upsilon-r^{FN}-\tau^{FN})-\theta_e^{FN}\hat{\lambda}_e^{FN}(\tau^{FN}+r^{FN}-s))g_{er}^1}{(\upsilon-r^{FN}-s)a_e+((\tau^{FN}-s)-\theta_e^{FN}\hat{\lambda}_e^{FN}(\upsilon-\tau^{FN}))(b_{er}^1-b_{er}^2)+((\upsilon-r^{FN}-\tau^{FN})-\theta_e^{FN}\hat{\lambda}_e^{FN}(\tau^{FN}+r^{FN}-s))(g_{er}^1-g_{er}^2)}$$

由于 $a_e>b_{er}^2$ 和 $a_e>g_{er}^2$，我们可以得到分母中一部分表达式有以下性质：

$$[(\upsilon-r^{FN}-s)a_e+((\tau^{FN}-s)-\theta_e^{FN}\hat{\lambda}_e^{FN}(\upsilon-\tau^{FN}))(-b_{er}^2)+((\upsilon-r^{FN}-\tau^{FN})-\theta_e^{FN}\hat{\lambda}_e^{FN}(\tau^{FN}+r^{FN}-s))(-g_{er}^2)]>\theta_e^{FN}\hat{\lambda}_e^{FN}(\upsilon+r^{FN}-s)a_e$$

只要转运价格满足 $\frac{s+\theta_e^{FN}\hat{\lambda}_e^{FN}\upsilon}{1+\theta_e^{FN}\hat{\lambda}_e^{FN}}\leqslant\tau^{FN}\leqslant\frac{\upsilon+\theta_e^{FN}\hat{\lambda}_e^{FN}s}{1+\theta_e^{FN}\hat{\lambda}_e^{FN}}-r^{FN}$，则有 $\frac{\partial Q_e^{T,FN}}{\partial Q_r^{T,FN}}<0$，$\left|\frac{\partial Q_e^{T,FN}}{\partial Q_r^{T,FN}}\right|<1$。

由式(4.11)可得反应函数为：

$$\frac{\partial Q_r^{T,FN}}{\partial Q_e^{T,FN}}=-\frac{(\tau^{FN}+r^{FN}-s)b_{re}^1+(\upsilon-\tau^{FN})g_{re}^1}{(\upsilon-s)a_r+(\tau^{FN}+r^{FN}-s)(b_{re}^1-b_{re}^2)+(\upsilon-\tau^{FN})(g_{re}^1-g_{re}^2)}$$

同理，只要转运价格满足 $s-r^{FN}\leqslant\tau^{FN}\leqslant\upsilon$，且 $r^{FN}=0$，则有 $\frac{\partial Q_r^{T,FN}}{\partial Q_e^{T,FN}}<0$，$\left|\frac{\partial Q_r^{T,FN}}{\partial Q_e^{T,FN}}\right|<1$。

对转运价格的取值范围求交集，可以得出，只要 $\tau^{FN}\in\left[\frac{s+\theta_e^{FN}\hat{\lambda}_e^{FN}\upsilon}{1+\theta_e^{FN}\hat{\lambda}_e^{FN}},\frac{\upsilon+\theta_e^{FN}\hat{\lambda}_e^{FN}s}{1+\theta_e^{FN}\hat{\lambda}_e^{FN}}\right]$，直销渠道和零售渠道的订单量存在唯一的纳什均衡。证毕。

附录4　引理4.2证明

由式(4.16)可得反应函数为：

$$\frac{\partial Q_e^{T,NF}}{\partial Q_r^{T,NF}}=-\frac{(\tau^{NF}-s)b_{er}^1+(v-r^{NF}-\tau^{NF})g_{er}^1}{(v-r^{NF}-s)a_e+(\tau^{NF}-s)(b_{er}^1-b_{er}^2)+(v-r^{NF}-\tau^{NF})(g_{er}^1-g_{er}^2)}$$

由于 $a_e>b_{er}^2$ 和 $a_e>g_{er}^2$，我们可以得到分母中一部分表达式有以下性质：

$$(v-r^{NF}-s)a_e+(\tau^{NF}-s)(-b_{er}^2)+(v-r^{NF}-\tau^{NF})(-g_{er}^2)>0$$

只要转运价格满足 $s\leqslant\tau^{NF}\leqslant v-r^{NF}$，则有 $\frac{\partial Q_e^{T,NF}}{\partial Q_r^{T,NF}}<0$，$\left|\frac{\partial Q_e^{T,NF}}{\partial Q_r^{T,NF}}\right|<1$。

由式(4.17)可得反应函数为：

$$\frac{\partial Q_r^{T,NF}}{\partial Q_e^{T,NF}}=-\frac{((\tau^{NF}+r^{NF}-s)-\theta_r^{NF}\hat{\lambda}_r^{NF}(v-r^{NF}-\tau^{NF}))b_{re}^1+((v-\tau^{NF})-\theta_r^{NF}\hat{\lambda}_r^{NF}(\tau^{NF}-s))g_{re}^1}{(v-s)a_r+((\tau^{NF}+r^{NF}-s)-\theta_r^{NF}\hat{\lambda}_r^{NF}(v-r^{NF}-\tau^{NF}))(b_{re}^1-b_{re}^2)+((v-\tau^{NF})-\theta_r^{NF}\hat{\lambda}_r^{NF}(\tau^{NF}-s))(g_{re}^1-g_{re}^2)}$$

同理，只要转运价格满足 $\frac{s+\theta_r^{NF}\hat{\lambda}_r^{NF}v}{1+\theta_r^{NF}\hat{\lambda}_r^{NF}}-r^{NF}\leqslant\tau^{NF}\leqslant\frac{v+\theta_r^{NF}\hat{\lambda}_r^{NF}s}{1+\theta_r^{NF}\hat{\lambda}_r^{NF}}$，且 $\frac{(v-s)\theta_r^{NF}\hat{\lambda}_r^{NF}}{1+\theta_r^{NF}\hat{\lambda}_r^{NF}}-r^{NF}>0$，则有 $\frac{\partial Q_r^{T,NF}}{\partial Q_e^{T,NF}}<0$ 和 $\left|\frac{\partial Q_r^{T,NF}}{\partial Q_e^{T,NF}}\right|<1$。

对转运价格的取值范围求交集，可以得出，若 $\frac{v-s+r^{NF}}{v-s-r^{NF}}\geqslant\theta_r^{NF}\hat{\lambda}_r^{NF}\geqslant\frac{r^{NF}}{v-s-r^{NF}}$，只要 $\tau^{NF}\in\left[\frac{s+\theta_r^{NF}\hat{\lambda}_r^{NF}v}{1+\theta_r^{NF}\hat{\lambda}_r^{NF}}-r^{NF},\ \frac{v+\theta_r^{NF}\hat{\lambda}_r^{NF}s}{1+\theta_r^{NF}\hat{\lambda}_r^{NF}}\right]$，直销渠道和零售渠道的订单量存在唯一的纳什均衡。证毕。

附录 5 引理 4.3 证明

结合引理 4.1 和引理 4.2 的证明过程，只要转运价格满足 $\frac{s+\theta_e^{FF}\hat{\lambda}_e^{FF}v}{1+\theta_e^{FF}\hat{\lambda}_e^{FF}}\leqslant\tau^{FF}\leqslant\frac{v+\theta_e^{FF}\hat{\lambda}_e^{FF}s}{1+\theta_e^{FF}\hat{\lambda}_e^{FF}}-r^{FF}$，则有 $\frac{\partial Q_e^{T,FF}}{\partial Q_r^{T,FF}}<0$，$\left|\frac{\partial Q_e^{T,FF}}{\partial Q_r^{T,FF}}\right|<1$。只要转运价格满足 $\frac{s+\theta_r^{FF}\hat{\lambda}_r^{FF}v}{1+\theta_r^{FF}\hat{\lambda}_r^{FF}}-r^{FF}\leqslant\tau^{FF}\leqslant\frac{v+\theta_r^{FF}\hat{\lambda}_r^{FF}s}{1+\theta_r^{FF}\hat{\lambda}_r^{FF}}$，且 $\frac{(v-s)\theta_r^{FF}\hat{\lambda}_r^{FF}}{1+\theta_r^{FF}\hat{\lambda}_r^{FF}}-r^{FF}>0$，则有 $\frac{\partial Q_r^{T,FF}}{\partial Q_e^{T,FF}}<0$，$\left|\frac{\partial Q_r^{T,FF}}{\partial Q_e^{T,FF}}\right|<1$。

对转运价格的取值范围求交集，可以得出，当$\frac{\upsilon-s-r^{FF}}{\upsilon-s+r^{FF}}\geqslant\theta_e^{FF}\hat{\lambda}_e^{FF}$，$\frac{\upsilon-s+r^{FF}}{\upsilon-s-r^{FF}}\geqslant\theta_r^{FF}\hat{\lambda}_r^{FF}\geqslant\frac{r^{FF}}{\upsilon-s-r^{FF}}$时，若$\frac{\theta_r^{FF}\hat{\lambda}_r^{FF}-\theta_e^{FF}\hat{\lambda}_e^{FF}}{(1+\theta_r^{FF}\hat{\lambda}_r^{FF})(1+\theta_e^{FF}\hat{\lambda}_e^{FF})}\geqslant\frac{r^{FF}}{\upsilon-s}$，只要$\tau^{FF}\in\left[\frac{s+\theta_r^{FF}\hat{\lambda}_r^{FF}\upsilon}{1+\theta_r^{FF}\hat{\lambda}_r^{FF}}-r^{FF},\ \frac{\upsilon+\theta_r^{FF}\hat{\lambda}_r^{FF}s}{1+\theta_r^{FF}\hat{\lambda}_r^{FF}}\right]$，或者若$0<\frac{\theta_r^{FF}\hat{\lambda}_r^{FF}-\theta_e^{FF}\hat{\lambda}_e^{FF}}{(1+\theta_r^{FF}\hat{\lambda}_r^{FF})(1+\theta_e^{FF}\hat{\lambda}_e^{FF})}<\frac{r^{FF}}{\upsilon-s}$，只要$\tau^{FF}\in\left[\frac{s+\theta_e^{FF}\hat{\lambda}_e^{FF}\upsilon}{1+\theta_e^{FF}\hat{\lambda}_e^{FF}},\ \frac{\upsilon+\theta_e^{FF}\hat{\lambda}_e^{FF}s}{1+\theta_e^{FF}\hat{\lambda}_e^{FF}}-r^{FF}\right]$，则直销渠道和零售渠道的订单量存在唯一的纳什均衡。证毕。